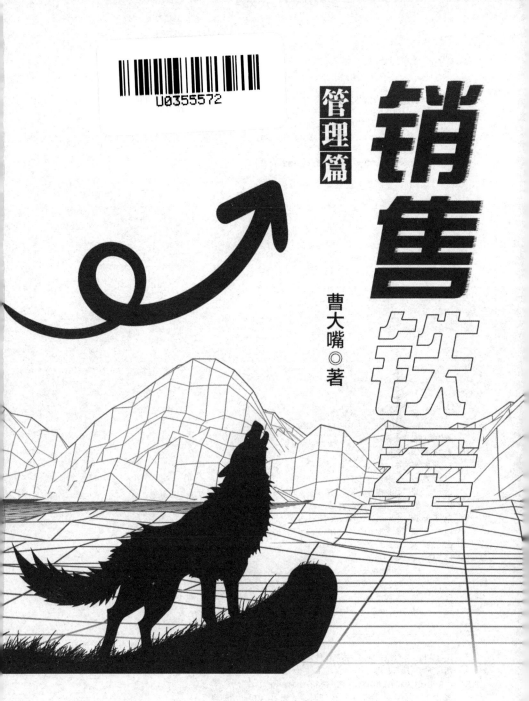

销售铁军

管理篇

曹大嘴 ◎ 著

北京大学出版社
PEKING UNIVERSITY PRESS

图书在版编目（CIP）数据

销售铁军. 管理篇 / 曹大嘴著. —— 北京：北京大学出版社, 2025.5. —— ISBN 978-7-301-36151-1
Ⅰ. F713.3
中国国家版本馆CIP数据核字第2025RB2761号

书　　　名	销售铁军（管理篇）
	XIAOSHOU TIEJUN（GUANLI PIAN）
著作责任者	曹大嘴　著
责 任 编 辑	滕柏文
标 准 书 号	ISBN 978-7-301-36151-1
出 版 发 行	北京大学出版社
地　　　址	北京市海淀区成府路205号　100871
网　　　址	http://www.pup.cn　　　新浪微博：@ 北京大学出版社
电 子 邮 箱	编辑部 pup7@pup.cn　总编室 zpup@pup.cn
电　　　话	邮购部 010-62752015　发行部 010-62750672　编辑部 010-62570390
印 刷 者	河北博文科技印务有限公司
经 销 者	新华书店
	880毫米×1230毫米　32开本　9.25印张　215千字
	2025年5月第1版　2025年5月第1次印刷
印　　　数	1—4000册
定　　　价	69.00 元

未经许可，不得以任何方式复制或抄袭本书之部分或全部内容。
版权所有，侵权必究
举报电话：010-62752024　电子邮箱：fd@pup.cn
图书如有印装质量问题，请与出版部联系，电话：010-62756370

第 1 章 人才管理：如何组建狼性销售团队

1.1 团队组建：比成交客户更重要的是成交人才 002
1.1.1 四力法则 002
1.1.2 成交人才 005
1.1.3 组建狼性销售团队 006

1.2 人才画像：画出你心目中的理想销售 009
1.2.1 给人才"画像" 009
1.2.2 人才画像的方法 010

1.3 团队优化：消除"小绵羊" 015
1.3.1 是"狼群"还是"羊群" 015
1.3.2 人才矩阵图 019
1.3.3 消除"小绵羊" 023

1.4 渠道建设：解决无人可用的问题 025
1.4.1 人才市场 025
1.4.2 猎头企业 028
1.4.3 互联网 029
1.4.4 内部举荐 029
1.4.5 新媒体 033

1.5 望闻问切：面试销售的流程和技巧 036
    1.5.1 面试的流程 036
    1.5.2 面试的识人技巧 038
    1.5.3 面试的话术 040
    1.5.4 面试的倾听技巧 045

1.6 人才培育：亲手打造狼性销售团队 048
    1.6.1 内训体系 048
    1.6.2 外训体系 049
    1.6.3 师徒体系 052

CHAPTER 02 第 2 章
自我管理：
从销售员到经理人的角色转换

2.1 定位明确：顶级销售不一定适合做销售管理者 058

2.2 角色认知：明确什么应该做，什么不应该做 061

2.3 改变自己：要想改变世界，需要先改变自己 064
    2.3.1 学会变通 064
    2.3.2 改正错误 066
    2.3.3 主动认错 068

2.4 永不抱怨：抱怨只会让事情变得更糟 074
    2.4.1 改变抱怨习惯 076
    2.4.2 进行心理建设 077

2.5 压力管理：正确面对压力，才能获得动力 081
    2.5.1 压力与负面情绪的关系 081
    2.5.2 压力评估 082
    2.5.3 解压技巧 086

目 录

2.5.4　强大内心..090

2.6　情绪管理：解决情绪问题，才能高效工作.............................091
2.6.1　情绪失控的坏处..091
2.6.2　情绪管理技巧..094

2.7　效率管理：成为高效能的销售管理者....................................099
2.7.1　时间管理..099
2.7.2　投资与回报..101
2.7.3　日清表——让效率倍增..103

第 3 章　激励管理：如何激发销售团队的狼性

3.1　激发潜能：每个人都是宝藏..108
3.1.1　潜能..108
3.1.2　动机..110
3.1.3　目标..111

3.2　竞赛激励：利用好团队竞赛..117
3.2.1　竞赛激励..117
3.2.2　竞赛激励的好处..118
3.2.3　组织团队竞赛的步骤..121

3.3　绩效管理：有奖有罚，超额完成任务....................................128
3.3.1　绩效..128
3.3.2　绩效管理..129
3.3.3　绩效考核..133

3.4　赏识管理：无成本的激励方法..135
3.4.1　赏识管理..135

3.4.2 赏识管理的优势 136
3.4.3 如何"赏" 141
3.4.4 如何"识" 145

3.5 授权管理：合理授权，事半功倍 148
3.5.1 授权管理的意义 148
3.5.2 授权管理的好处 149
3.5.3 授权管理全流程 150
3.5.4 授权管理的要点 152

第 4 章 目标管理：如何确保业绩目标的实现

4.1 目标的设定：明确工作方向 160
4.1.1 目标的存在意义 160
4.1.2 目标管理的概念 161
4.1.3 目标管理的作用 162
4.1.4 如何设定目标（CPCT 法则） 165

4.2 目标的分解：做好过程管理 171
4.2.1 设定好的目标为何无法实现 171
4.2.2 过程管理 174
4.2.3 目标管理 179
4.2.4 目标管理的全流程 182
4.2.5 销售目标过程管理卡 184

4.3 目标的实现：用结果说话 188
4.3.1 结果的评估与改进 188
4.3.2 协助下属签大单 191
4.3.3 大客户管理 195

4.4 教练式领导力：给予启发，力促成功 198
4.4.1 教练式领导力的概念 199
4.4.2 教练式领导力的优势 204
4.4.3 教练式管理者的常用话术 205
4.4.4 教练式管理者的倾听技巧 207

第 5 章 会议管理：如何制定高效的会议制度

5.1 组织会议：会议与销售会议 210
5.1.1 会议的定义与演变过程 210
5.1.2 销售会议的基本情况 211
5.1.3 销售会议的类型 212

5.2 开会技巧：如何开好销售会议 213
5.2.1 明确会议目标 213
5.2.2 确定会议形式 214
5.2.3 制定会议议程 214
5.2.4 确定会议时间和地点 214
5.2.5 发送会议通知 215
5.2.6 准备会议材料 216
5.2.7 确保有效沟通 216
5.2.8 记录会议要点 216
5.2.9 制订会议后行动计划 217
5.2.10 评估会议效果 217
5.2.11 会后跟进执行 218

5.3 定期会议：确保工作顺利推进 220
5.3.1 晨会 220

- 5.3.2 夕会 224
- 5.3.3 周例会 226
- 5.3.4 月度会 230
- 5.3.5 季度会 233
- 5.3.6 年度会 234

5.4 不定期会议：立刻解决问题 236
- 5.4.1 一对一会议 236
- 5.4.2 表彰会 237
- 5.4.3 过单会 238
- 5.4.4 复盘会 242
- 5.4.5 沙盘会 250

第 6 章 学习管理：如何确保岗位价值的增值

6.1 向成功学习：正确的方法与反复练习 255
- 6.1.1 学习的意义 255
- 6.1.2 向成功学习的途径 259

6.2 向失败学习：高效汲取经验与教训 265
- 6.2.1 向失败学习的意义 265
- 6.2.2 个人如何向失败学习 267
- 6.2.3 团队如何向失败学习 268

6.3 碎片化学习：充分利用零碎时间 269
- 6.3.1 零碎时间的定义 269
- 6.3.2 零碎时间的利用 270

6.4 培训式学习：通过培训提高团队实力 274
6.4.1 销售培训的意义 274
6.4.2 销售培训的培训师 275
6.4.3 销售培训的流程 276

6.5 企业外学习：性价比较高的学习方式 281
6.5.1 学历教育、继续教育 281
6.5.2 技能教育 282
6.5.3 参加学术交流与研讨会 282

6.6 学习型组织：整体提高团队竞争力 283
6.6.1 学习型组织的概念 283
6.6.2 构建与完善学习型组织 284

第 1 章

人才管理：如何组建狼性销售团队

1.1 团队组建：
比成交客户更重要的是成交人才

1.1.1 四力法则

> **华为的狼性文化**
>
> 华为是最早引入狼性文化的企业之一。华为的创始人任正非是军人出身，他崇尚狼性文化，并认为狼有以下3个特点。
>
> 特点一：敏感性。
>
> 狼很敏感，知道猎物在哪，距离很远就能闻到猎物的气味，哪怕身处冰天雪地，也能找到目标猎物。作为销售，也应该很敏感，一方面要知道客户的需求在哪儿，另一方面要知道10年、20年后的利益点在哪儿。对客户需求的敏感、对市场的敏感、对新技术的敏感，都是销售应该有的敏感。

> 特点二：有团队精神。
>
> 狼很少单独出击，习惯于群体作战，这彰显了极强的团队精神。销售同样需要有团队精神，互补短板，一同奋进。
>
> 特点三：不屈不挠。
>
> 狼还有一个特点是不屈不挠，认准的事情，绝不轻易放弃。作为销售，吃"闭门羹"是常见的事，必须有强大的心理素质、不屈不挠的性格特点，才能离成功越来越近。
>
> 任正非主导各种管理措施的落地，做好了头狼该做的全面战略部署工作，让大家都有肉可吃、有猎物可追，从而逐步打造出了团结、有纪律的狼性团队。

任正非崇尚狼性文化是有一定道理的，销售团队尤其需要具备狼性。

那么，本书对狼性销售团队的定义是什么呢？至少需要具备如图 1-1 所示的 4 种能力，我们称其为"四力法则"。

图 1-1 四力法则

1. 生存力

狼为什么要努力奔跑、追逐猎物？因为追不到猎物就没有肉吃，而没有肉吃会饿死。

同理，人也需要有方向、有奔头，不断努力。因为如果人生活得特别安逸，很容易失去生存力。

在长期对企业销售团队进行辅导的过程中，我们发现，销售工作干得好的人，大多是来自偏远地区、贫困山区的年轻人，因为他们的目标极其明确：渴望通过自己的努力赚钱养活自己和家人。在这种目标的引导下，他们会有更强大的生存力，能突破重重阻力，获得持久的业绩增长。

2. 持久力

众所周知，一旦明确了目标猎物，狼是不会轻易放弃的。对销售来说，持久力同样非常重要——如果一遇到挫折就放弃，再好的产品也卖不出去。

3. 嗅觉力

狼很敏锐，对应的便是有非同一般的嗅觉力。作为销售，同样要提高自己的敏锐度、嗅觉力，知道客户的需求是什么、知道市场需要的是什么、知道技术要向哪个方向发展。

4. 协作力

协作力，对应的是案例中的团队精神。狼是群居动物，喜欢群体作战、围捕猎物。销售也不应该崇尚个人英雄主义、追求独树一帜，在销售管理者的领导下团队作战、互补短板，会拥有更多的与大客户合作的机会。

本书主要讲述的就是销售管理者如何运用激励手段和管理手段激发团队潜能、实现业绩目标。

1.1.2 成交人才

销售管理者肩负着企业的整体业绩目标，想要实现这一目标，需要团队共同努力。如果手下缺少销售人才，仅靠一己之力，销售管理者是很难实现企业的整体业绩目标的。那么，如何获得销售人才呢？除了自己培养，还可以对外招募。由此可见，对销售管理者来说，比成交客户更重要的是成交人才。

很多销售管理者会把招聘销售的工作交给人力资源部门，但单靠人力资源部门通常很难招到符合要求的销售人才，因为人力资源负责人大多缺少销售经验，很难一眼识别哪些人适合销售工作。从这个角度说，更懂销售、更能识别销售人才的销售管理者应该承担主要的销售招聘工作，人力资源部做好配合工作即可。

1.1.3 组建狼性销售团队

华为组建狼性销售团队的七步法

在华为，组建狼性销售团队有以下7个步骤。

第一步，招聘。

华为不仅非常重视招聘工作，而且非常关注对人才的从小、从头培养。比如，华为会招聘大量的高校毕业生，从他们进入职场开始培养。

第二步，培训。

招入不同背景、不同观念、不同想法的年轻人后，华为会为他们统一思想，以便组建团队、统一行动。

如何快速将不同的人纳入同一个组织框架呢？进行培训是有效措施之一。

第三步，用人。

华为认为，人才与水果一样，所谓"歪瓜裂枣"才是真正的好瓜、好果——任何人都有闪光点，找到这些闪光点的时候，便是人才熠熠生辉的时候。任正非在华为内部会议上讲过一句话："'庸才'是放错地方的人才。"可见华为对人才的态度是用人之长。

第四步，考核。

将人才安排到各关键岗位上之后，华为会组织强化考核。针对考核，华为不仅会关注考核结果，还会关注考核过程中的员工作态度：有没有敬业精神、有没有献身精神、有没有责任心、有没有使命感。

第五步，选拔。

在选拔干部方面，华为的习惯是首先从基层、一线、艰苦地区选拔；其次从考核成绩优异的团队中选拔；最后从影响企业长期发展的关键团队中选拔。由此可见，华为非常鼓励员工去基层、一线、艰苦地区磨炼。

在华为内部的一次新人培训会议上，任正非说："华为永远不会选拔没有基层经验的人担任高级领导工作。"

第六步，轮岗。

在很多企业中，管理岗位上的人只有升级，没有降级。在华为则不然，干部能上能下：做不好就降级。与此同时，华为强制实行岗位轮换制度，一般干部不会在同一个岗位上工作超过3年。时常让干部轮换到其他岗位上接受锻炼，这是华为培养具有通才的管理者的方法。

第七步，激励。

华为号称"三高企业"——高工资、高压力、高效率。具体而言，华为讲究金钱、股权、精神三管齐下：在金钱方面，工资比其他企业高；在股权方面，让有贡献者必有回报；在精神方面，以奋斗为荣，让人才产生家的归属感。

华为组建狼性销售团队的七步法的第一步就是招聘，可见高效招聘的重要性。

那么，对普通企业来说，如何招到有狼性的销售，成功组建狼性销售团队呢？

原则上，招聘人才的步骤与成交客户的步骤是类似的，见表1-1。

表1-1 招聘人才与成交客户的步骤对比

序号	步骤	招聘人才	成交客户
1	明确定位	想招什么样的人才（人才画像）	谁是我的客户（客户画像）
2	渠道建设	在哪里招聘人才	在哪里开拓客户
3	关系建立	与人才喝茶、聊天，建立关系	与客户交流、沟通，建立信任
4	挖掘需求	了解人才的痛点和追求	掌握客户的需求和预算
5	缔结成交	给予无法拒绝的薪酬，达成合作	给予较低的价格、较高的收益，达成交易
6	关系维护	通过展示领导魅力和绩效、文化，留住人才	通过完善售后服务和关系维护制度，留住客户

通过表1-1可以看出，招聘人才的步骤与成交客户的步骤如出一辙。由此可见，招聘人才与成交客户是相通的，用成交客户时的心态与方法去招聘人才，很可能事半功倍。

成交客户前，我们需要明确目标客户的特点和价值，即完善客户画像；同理，招聘人才前，我们需要明确目标人才的特质和条件，即完善人才画像。

1.2 人才画像：画出你心目中的理想销售

1.2.1 给人才"画像"

在市场营销过程中，很多销售会在不知道客户是谁的情况下广泛撒网、盲目拜访，不仅浪费时间，还浪费企业资源。这种情况亟待改变。

广为人知的客户画像是在帮助销售明确客户是谁——践行经典的鱼塘式营销理论的第一步是定位"鱼儿"，先明确鱼塘在哪里，再去鱼塘钓鱼。人才画像的作用类似，做好人才标签和人才价值描述，明确我们到底要招什么样的人、去哪里招，才能事半功倍地招到理想的人才。

招聘人才的过程，本质是一个销售的过程——把自己的企业、团队推销给人才，吸引人才加入。

如果根据实际情况，有些销售管理者不仅对人才有常规要求，还有特殊要求，比如部分女性销售管理者不抽烟且闻不得烟味，要求下属没有抽烟的嗜好；再如部分外贸销售企业要求员工掌握多种外语，有多语种交流的语言能力、沟通能力，都可以列为人才画像的关键词。

1.2.2 人才画像的方法

给销售人才画像，有以下 3 个常用方法。

1. 以老画新法

以老画新，即在企业现有的销售冠军或顶级销售身上找共同点，以此确定招聘销售人才的标准。

这个办法比较适合销售团队人数众多、顶级销售占比较大的企业使用。比如，某企业在全国共有 200 余名销售，其中，排名前 20 的销售的销售业绩占企业销售业绩的一半以上，此时，可以总结这 20 人的共同点，依此完成销售人才画像。

如果企业人数不多，比如不到 10 人，干得好的只有一两个人，不具备代表性，就不适合使用以老画新这一方法。如果一定要尝试以老画新，可以总结行业内顶尖企业的顶级销售的共同点。

2. 内部讨论法

组织召开销售人才画像讨论会，通过内部讨论，由相关人员共同明确销售人才的关键性指标,进而给销售人才画像。

这个方法比较适合中小微企业使用,参与销售人才画像讨论会的相关人员应该包括人力资源负责人、销售总经理、销售总监、一线销售经理等,当然,企业总裁、总经理等也能够参加是最好的。

3. 关键词打分法

给销售人才画像,需要考虑很多关键性指标,这些关键性指标对应的词汇就是所谓的关键词。

销售人才画像的常用关键词如下。

销售经验、行业背景、工作年限、性格、年龄、婚姻状况、学历、性别、形象、专业水平、家庭住址、社交资源、驾驶经验、语言、爱好、运动、健康情况……

使用词云图软件,可以制作销售人才画像词云图,如图1-2所示。

图1-2 销售人才画像词云图

苏州某集团的招聘案例

苏州某医疗器械生产企业之前的产品以海外销售为主,最近,海外销售数量锐减,企业决定成立内贸销售部,重新组建市场营销团队,大力开拓国内市场。该企业组建内贸销售部有一个难以规避的难点,即企业之前只有针对国外客户的销售人员,而且工作以跟单服务为主,销售特点与内贸销售截然不同,出现了很大的用人缺口。

对此,企业开出了10万元的较高基础年薪(不含提成),进行社会招聘。招聘持续了两个月后,该企业发现,虽然参加面试的人很多,但没一个能通过审核。

集团总裁决定亲自组织相关人员开会讨论:到底应该招入什么样的人?

参会人员包括集团总经理、销售总经理、内贸部销售总监、外贸部销售总监、市场部总监、人力资源部总监、招聘经理。

会议以绘制内贸销售人才画像为主题,讨论结果如下。

性别:男女比例6:4。

年龄:30~35岁(同等条件下优先考虑)。

婚姻:已婚(同等条件下优先考虑)。

学历:本科及以上。

专业:市场营销专业、医疗专业等。

销售经验:从事销售工作2年以上(销售产品不限)。

从业背景:在医疗相关行业内从事过销售工作。

住址：通勤时间不超过30分钟。

驾驶：有C2（小型自动挡汽车）或以上驾驶证，驾龄1年以上（自有汽车者优先）。

语言：通过全国大学英语四级考试。

性格：外向，开朗、健谈。

运动：善打乒乓球、羽毛球、篮球者优先。

形象：阳光开朗，衣着整洁，举止大方。

健康情况：说话声音较大、底气足，入职体检项全部合格。

以上内容中，最重要的是从业背景，即必须有相关行业的从业经历。

这样的销售人才很难在招聘市场上招到，必要时，借助猎头企业能够事半功倍。会议的最后，集团总裁决定将内贸销售的基础底薪提高为20万元/年，加上提成，预计年收入能达到50万元，并要求销售总经理配合人力资源部完成招聘。

会议结束后，在猎头企业的协助下，该企业在不到一个月的时间内招到了5个符合条件的销售。

对该案例进行分析，有以下4点值得关注、借鉴。

第一，招聘销售是大事，集团总裁（一把手）重视，各部门负责人会更重视。

第二，人力资源负责人大多不懂销售业务，销售管理者参与招聘与面试，能够显著提高招聘效率和招聘成功率。

第三，招聘高端销售人才时，可以借助第三方，比如猎头企业。

第四，优秀的销售人才是行业内各企业的核心资源，不提供极具竞争力的待遇，很难在短时间内招到理想的人才。

很多企业会选择自己培养销售人才，但培养出顶级销售背后的隐性成本是巨大的，如果千辛万苦地培养出了顶级销售，但其在成熟后选择了离职创业、跳槽，企业得不偿失。因此，自己培养是可选项，但不是性价比较高的选择。

1.3 团队优化：消除"小绵羊"

1.3.1 是"狼群"还是"羊群"

本书的目标读者以销售管理者为主。通常情况下，销售管理者很希望自己的销售团队是真正的狼性销售团队。那么，如何判断目标销售团队是"狼群"还是"羊群"呢？做一份团队属性测试问卷就知道了。团队属性测试问卷如下。

> **团队属性测试问卷**
>
> 回答各题，请选择与事实较为接近的选项。
>
> 1. 最符合业绩组成情况的是（ ）。
>
>   A. 团队成员的业绩都不太理想，主要业绩来自自己和各级团队领导

B. 20%～30%的销售的业绩占团队业绩的70%～80%

C. 大部分销售很优秀，业绩目标是大伙共同实现的

2. 最符合达标率情况的是（　　）。

　　A. 每个月/每个季度的达标率都很低，设定的业绩目标很难实现

　　B. 只有在旺季能够勉强达标，淡季时好时坏

　　C. 几乎每个月都能超额完成任务，且年业绩总量在持续上升

3. 最符合新客户拜访情况的是（　　）。

　　A. 几乎没有新客户，销售普遍靠长期合作的客户创业绩，都不愿意尝试拜访新客户

　　B. 偶尔有新客户，但人数不是很多，且质量一般

　　C. 每个月都有新客户产生，且质量都不错

4. 最符合离职率情况的是（　　）。

　　A. 新员工几乎留不下来，没过试用期就纷纷离职，老员工也时有离职

　　B. 能留下来的新员工数量过半

　　C. 离职率很低，一般都是因为末位淘汰制离职，很少有主动离职的员工

5. 关于培训体系，与实际情况最相符的是（　　）。

　　A. 几乎没有培训，简单地给新员工讲讲产品、明确一下报价就让其上岗

B. 有针对性强的培训，但培训时间很短，培训结束后不安排考核

C. 有完善的培训体系，包括产品培训、销售技巧培训等，且培训结束后安排严格的考核，成绩不合格者不能上岗

6. 关于培训执行，与实际情况最相符的是（　　）。

A. 员工都不愿意参加培训，每次培训时人都到不齐

B. 大部分员工认可企业组织的培训

C. 大部分员工渴望参加培训，每次培训都会认真听讲、记笔记

7. 关于内部撞单、抢单，与实际情况最相符的是（　　）。

A. 员工手里都没什么订单，所以很少出现撞单、抢单的情况

B. 偶尔会出现抢单的情况，不过如果撞单了，新员工一般不敢跟老员工抢

C. 经常出现撞单、抢单的情况，员工无论新老，互不相让

8. 关于外部撞单、抢单，与实际情况最相符的是（　　）。

A. 行业内其他企业的销售太厉害了，经常把撞了的订单抢走

B. 偶尔撞单、抢单，有其他企业抢成功的案例，也有我们抢成功的案例

C. 我们抢成功的概率较高，行业内其他企业的销售大多不敢抢我们的单

9. 关于团队心态，与实际情况最相符的是（　　）。

A. 员工的抱怨不断，不是抱怨产品不好，就是抱怨报价太高

B. 有抱怨不断的员工，也有积极热情的员工

C. 大部分员工很积极，遇到问题时会努力克服困难，主动解决问题

10. 关于团队合作，与实际情况最相符的是（　　）。

A. 员工各自为战，老员工不愿意带新员工

B. 遇到困难会互相帮忙，偶尔合作签单

C. 团队配合良好，分工明确，遇到大客户，团队配合是竞争优势

评分标准如下。

每选择一个 A 得 0 分，每选择一个 B 得 5 分，每选择一个 C 得 10 分。

分数相加，总分为（　　）。

团队属性如下。

总分为 0～50 分：绵羊团队。

总分为 51～80 分：猎犬团队。

总分为 81～100 分：野狼军团。

（测试结果仅供参考，企业管理者应根据企业的营销模式、产品竞争力、考核制度等进行综合考量）

如果总分低于50分，确诊为绵羊团队的可能性极高，企业管理者、销售管理者不仅应该认真阅读本书，还应该号召团队成员一起学习、使用本书介绍的方法，进行大刀阔斧的改革。

如果总分过高，比如总分为95～100分，则表示团队的狼性过强，团队内部容易出现恶性竞争的情况，需要加以关注、提高警惕。

1.3.2　人才矩阵图

完成以上测试，销售管理者应该能够立刻意识到自己的团队的问题所在。我们择一严重问题进行详细分析。

如果团队成员的业绩都不太理想，主要业绩来自各级团队领导，那么，团队内太多的销售是企业的"成本"。要想组建狼性销售团队，首要任务不是招募"狼崽"，也不是完善培训机制、激励机制，而是开除"小绵羊"！

注意，运营企业不是运营慈善机构，如果企业内能力不足的销售太多，不仅徒增用人成本，还很可能给积极工作的员工带去负面影响，在这种情况下，团队的业绩越来越糟糕是不足为奇的。

销售能力的强弱，与销售人员的性格密切相关，效率低下的销售人员有一些共性，包括懒惰、拖延、消极、胆小等，这些习惯是常年养成的，要改变也需要很长时间。

中国有句古话，**江山易改，本性难移**。想要改变"小绵羊"，销售管理者往往需要付出成倍的时间、精力，以及成本。

因此，这些工作效率不高的"小绵羊"不仅在消耗企业的资产，还在消耗销售管理者们的宝贵时间与精力。读本书的销售管理者们可以回忆一下，日常工作中，你用在顶级销售身上的时间与精力多，还是用在尾部销售身上的时间与精力多？我想一定是后者，因为前者天天在外跑业务，你很少能在办公室里见到他们；而后者，不仅在浪费着你宝贵的时间与精力，还在影响着你的情绪和健康——他们糟糕的业绩，会时不时地让你忍不住发火。

一个经理养一家企业

某次，我给一家专注于雨水收集的环保型企业提供管理咨询服务。

刚接触该企业的时候，我看到的是该企业的销售团队有十来个人，业绩还不错。深入调研后我才发现，该企业超过80%的业绩属于销售经理一个人，其余销售的业绩不足总业绩的20%！试想，一旦这位销售经理跳槽或创业，这家企业的业绩会怎样？势必一落千丈！

可以说，当前这家企业是在由销售经理一个人养着！

了解到这个现状后，我做的第一件事是优化销售部，立刻着手清理半数以上拿着工资但没业绩或少有业绩的人，腾出位置招聘新人。

连续开除了几个混日子的销售后，我建议企业管理者给销售经理及余下的销售提高底薪（把被开除的销售的底薪转加给留下的人），并加大绩效奖励力度。

没过多久，销售们的业绩便有所提高。后来，我又协助该企业招聘了几位业务能手，降低了销售经理的业绩占比，该企业逐步走上发展正轨。

这个案例说明了什么？说明兵贵在精而不在广。注意，不干实事的人都是企业的负债和成本，不仅没有产出，还会给努力做事的人以负面影响，破坏良好的团队氛围。

由此可见，组建狼性销售团队，以开除"小绵羊"为第一步是非常明智的。

那么，具体而言，我们应该开除哪些人，留下哪些人？换句话说，我们应该如何为员工分类，找出真正的人才？

判断一个员工到底是不是真正的人才，一般从两个维度入手：一是能力；二是意愿。意愿，类似于心态、态度。

以能力为纵轴，以意愿为横轴，我们可以画出一个人才矩阵图，又称"情境领导模型"，如图1-3所示。

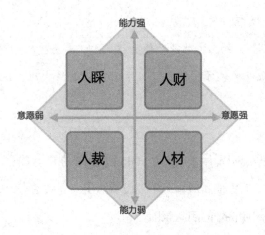

图 1-3 人才矩阵图（情景领导模型）

根据图 1-3，销售管理者可以很清楚地看出哪些人是我们想要的人，哪些人是应该开除的人。图 1-3 中的 4 类人，在销售团队中都很常见。

1. 人睬

能力强但意愿弱的人，可被称为"人睬"。

没人理睬，可谓"人睬"。这类人努力过，但可能因为各种原因没把握好机会、没得到应有的重视，最终选择混日子，常见于老员工群体，被戏称为"老油条"。对于这类人，如果不尽快采取措施，给予激励，很容易被竞争对手"挖角"，成为竞争对手的"人财"。

2. 人财

能力强，意愿也强的人，可被称为"人财"。

所谓"人财",指的是能不断地给企业带来财富的人。在销售领域,销售冠军就是"人财"。在企业里,"人财"及可能成为"人财"的人越多,企业的利润越高。

3. 人材

能力弱但意愿强的人,可被称为"人材"。

所谓"人材",指可塑之材,常见于新员工群体,以及部分学习能力有限但工作态度极其端正的、被戏称为"老黄牛"的老员工。虽然这类员工有进取意愿,但培养周期较长,且具有不确定性。

4. 人裁

能力弱,意愿也弱的人,可被称为"人裁"。

所谓"人裁",就是本书主张尽快开除的"小绵羊"。开除"人裁",一方面能给真正的人才腾位置,另一方面能起到杀鸡儆猴的作用,刺激"人材"更加努力、暗示"人睬"不要混日子。

为了组建真正的狼性销售团队,销售管理者必须硬起心肠,不管是裁员还是安排转岗,坚定地清理"人裁"。

1.3.3 消除"小绵羊"

如何才能顺利地消除"小绵羊"呢?

1. 完善考核制度

对于"小绵羊",开除是选择之一,但不一定必须一步到位地让其离开企业。万一"小绵羊"们只是缺少退无可退的激励呢?建议销售管理者提高考核标准、明确最低个人业绩达标要求、完善考核制度并严格执行,给"小绵羊"们以机会,尝试帮助他们成长。

2. 提要求,并明确考核日期

完善考核制度后,销售管理者可以找"小绵羊"们谈话,明确考核日期并告诉他们实际情况:如果你持续不达标,或许就是下一个裁员对象。

3. 请人力资源负责人出面处理相关事宜

面对获得过机会与帮助但依然持续不达标的"小绵羊",企业必须采取措施,对其进行转岗安排或裁员处理。此时,销售管理者可以请人力资源负责人出面,对被转岗员工进行新岗培训、对被裁员员工进行补偿(严格按照《中华人民共和国劳动法》执行)。

1.4 渠道建设：解决无人可用的问题

画好了销售人才的画像、辞退了不合格的"小绵羊"后，企业需要解决的问题是招聘问题。长期、稳定、繁荣发展的企业，通常有丰富、顺畅的招聘渠道。

招聘销售人才，可以重点考虑以下 6 个渠道。

1.4.1 人才市场

很多人力资源负责人频频抱怨："人才市场里面没有人才，更没有销售人才！"但为什么很多保险企业能够在人才市场里招到人才呢？原因很简单，他们几乎会参加每一场大型招聘会，并时常主动出击邀请人才入职。

虽然人才市场里鱼龙混杂、人才难辨，但并非没有人才。想通过人才市场招到还不错的销售，必须学会主动出击。

人才市场招聘步骤如下。

1. 缴费设摊

选择人才市场的人流量较大的周六缴费设摊，布置一个好一点的展位，有助于吸引人才前来了解相关岗位。

有人说，保险企业很少缴费设摊，在人才市场里走走转转也能获得与应聘者沟通的机会，我们为什么要花这个钱？因为正式的展位也是企业实力的体现之一，布置一个好一点的展位，有助于人才对企业建立信任。

2. 主动出击

在人才市场中招聘，建议企业至少派出两个人：一个人守着展位，另一个人在人才市场里走走转转，主动出击。优秀的人才是稀有资源，与其被动等待，不如积极、主动一些。

3. 请君入瓮

看到外形与人才画像相符的、比较自信的人，即可主动沟通，引导其前往自己企业的展位。

在人才市场里转悠的应聘者通常是没有明确目标的，这时有人给他一个目标，他大概率会跟着去了解一下。备选项越多，招到合适的人才的可能性就越大。

4. 巧舌讲解

遇到简历与沟通感觉都不错的人才后，人力资源负责人即可邀请其参加正式的面试。

邀请时，人力资源负责人可以对自己所在的企业进行简单介绍。企业介绍是有技巧的，通常建议进行三点式介绍，即提炼企业的3点优势进行详细介绍，多的话一句也不说——讲太多，对方记不住；讲太少，说服力有限，3点刚好。

5. 趁热打铁

介绍完企业的基本情况后，立刻与人才互加微信并确定面试时间。

面试时间宜早不宜迟，最好的面试时间是进行沟通的当天下午，其次是第二天上午——如果对方投了很多简历，入职较早面试且较早发放录用通知的企业的可能性更大。

总之，还是前文提到的那句话，成交人才类似于成交客户，讲究趁热打铁、落袋为安。

招聘话术示范

约人才面试时，可以这么说："我们企业对这次招聘非常重视，销售总监会亲自面试。销售总监最近比较忙，但恰巧今天下午有空，你看你是等招聘会结束后直接坐我们的车跟我们一起回去呢，还是我给你发一个定位，你下午自己过去？有点远，不如坐我们的车跟我们一起回去吧！"

如果人才表示想自己过去，可以继续说："也可以，那我们加个微信好友？我给你发企业定位！"

此时，最好让对方扫自己的微信二维码名片，以免对方离开展位后不通过好友申请，无法正式成为微信好友。

成为微信好友后，除了发企业定位，还要记得发一份企业宣传材料，以提高人才前往企业面试、入职的概率。

1.4.2 猎头企业

"人才市场里面没有人才，更没有销售人才！"这句话虽然因为太绝对而说不上正确，但也不是完全没有道理的，因为顶级销售通常不会在人才市场里找工作，想跳槽时，不是在招聘软件上投简历，就是直接找猎头企业推荐工作机会。

因此，想要招到顶级销售，捷径之一是直接与猎头企业合作。虽然需要支出一笔不菲的中介费，但是可以确保招聘质量。

与猎头企业合作也有一些注意事项需要关注，毕竟现在的猎头企业太多了，与人才市场里的应聘者一样鱼龙混杂。

首先，要找当地的老牌、知名猎头企业合作；其次，要找有一定行业背景的猎头推荐同行业的销售人才；最后，至少与3家猎头企业保持联系，方便对比、择优合作。如果当地没有符合要求的猎头企业，可以与一线城市里的大型、知名猎头企业联系、合作，他们的人才储备更加丰富。

注意，千万不要因为心疼中介费而与小规模的、不专业的猎头企业合作，否则很容易不仅白白支出中介费（虽然不多），还浪费招聘时间和招聘精力。若人才入职了，但工作了 3 个月就离职，浪费的不止中介费、招聘时间和招聘精力，还有培养时间和培养精力，以及更多的用人成本。

1.4.3 互联网

互联网是目前绝大多数人力资源负责人首选的招聘渠道。

互联网招聘渠道不仅包括专业的、知名的招聘网站，还包括海量的移动端招聘软件，比如 58 同城、BOSS 直聘、前程无忧、猎聘。通过在这些招聘网站、移动端招聘软件上筛选应聘者、约面试，人力资源负责人能够完成领导交办的大部分招聘任务。

但要想招聘到顶级销售，仅依靠互联网招聘是远远不够的。

1.4.4 内部举荐

内部举荐是所有招聘渠道中最省钱、最靠谱、最有效的渠道。

我在给很多企业进行招聘辅导时会问同一个问题：你们有内部举荐奖吗？绝大多数企业的人力资源负责人会毫不犹豫地回答："有！"但另一句话常常紧随其后："内部举荐招聘法我们早就在用了，但根本没效果。"

若我寻根究底地询问原因，众企业的人力资源负责人给出的理由是差不多的，比如，员工们不愿意举荐；再如，员工们身边也没有合适的人选。

得到太多类似的答案后，我换了一种问法："你们的内部举荐奖的金额是多少？"

400元、500元、800元……答案多种多样，极少有企业会设置上千元的奖金，且奖金发放是有条件的——被举荐的人才入职并通过试用期后才发放。

如此一来，内部举荐招聘法没用的原因就显而易见了：**奖励太少、兑现不及时**。

那么，到底应该怎么设置内部举荐奖呢？

我们来算一笔账：正常招聘一个销售，企业需要付出的成本是多少？在市场营销术语中，这叫"拓客成本"。

计算企业需要付出的成本，我们可以使用倒推法。比如，想要拥有一个能稳定工作且工作能力合格的销售，至少得在招聘时招来5个销售——另外4个销售不是因能力不足而被淘汰，就是因各种原因而自己离职。类似的案例很多，整体而言，一年招到十几个销售，最后留下一两个是很常见的。

假设留存率为20%，过程中离职的4个销售平均每人在企业内工作3个月（真实数据远远不止如此），工资、社保等费用为6000元/（人·月），仅薪酬成本就有7万余元，加上招聘时的（线上招聘平台/软件）会员费、（线下）展位费，新员工入职后的培训费、管理费、交通费、通信费、餐费、加班费，用人成本何止**10万元**！这不止10万元的成本，都会算在留下的那个销售的身上。

在这种情况下，企业管理者可以接受的内部举荐奖的金额是多少呢？是不是在确定能拥有一个能稳定工作且工作能力合格的销售的情况下，只要低于10万元，都可以接受？

亲爱的读者，如果你不是企业管理者，是销售总监、销售经理，或者人力资源负责人，请你把这段文字转发给你供职的企业的管理者，问问他愿意支出多少钱用于设置内部举荐奖。

之所以如此重视内部举荐，是因为内部举荐有很多其他招聘渠道无可比拟的**好处**。

首先，靠谱。内部人举荐，大多知根知底，可以放心任用（极重要的岗位除外，仍然需要进行背景调查）。

其次，稳定。资深管理者都知道，新员工的稳定性较差，而如果出现不稳定现象的新员工是通过内部举荐入职的员工，管理者完全可以让举荐人去做对方的心理工作，降低自己的管理压力。

最后，好培养。举荐人大多会为自己的行为负责，既然邀朋友入职了同一家企业，一般会主动帮助朋友适应工作，降低企业的培养压力。

内部举荐步骤如下。

1. 制定举荐制度

内部举荐制度对应的奖项一般被称为"伯乐奖"，不仅可以用于招聘销售，还可以用于招聘各部门、各岗位的工作人员。岗位越缺人、技术含量越高，对应的奖励应该越高。

制定举荐制度，不仅应该设置举荐成功奖励，还应该设置与被举荐人的绩效考核结果挂钩的奖励项。

对奖励金额来说，建议至少设置为目标岗位的月度底薪（猎头的最低收费标准）。对兑现时间来说，建议在被举荐人正式入职后立刻全额兑现，最多附加一个约定：如果该被举荐人在半年内离职，扣除一半奖金。

如此一来，企业内员工一定会积极地举荐优秀人才，而且会想方设法地帮助人才尽快进入工作状态、融入企业。

2. 开会宣讲

制定举荐制度后，就可以宣传并实施了。

建议发布制度细则时，由企业最高领导亲自开会宣讲，号召"全民销售"。如果实际情况允许，可以将举荐销售人才作为考核项纳入销售部员工的考核体系，因为"物以类聚，人以群分"，优秀的销售身边往往不缺乏销售人才。

3. 公开奖励

一旦有举荐成功案例，立刻公开奖励举荐者。最好由企业最高领导亲自给举荐者颁奖，激发更多员工的举荐热情。此外，发布制度细则后，最好每个月都对得奖人员进行公示，以示鼓励。

1.4.5 新媒体

近年来，新媒体的发展速度极快，销售可以以新媒体为产品推广渠道之一，人力资源负责人也可以以新媒体为招聘渠道之一，借助新媒体，快速招到理想的人才。

前文说过，优秀的销售身边往往不缺乏销售人才，那么，如何利用这一点招到销售人才呢？

> **价值20万元的裂变式招聘策划案**
>
> 2020年，我为位于无锡的一家以电话销售（简称"电销"）为主要销售手段的金融企业的业务团队提供辅导与支持。接下这个项目后，我面临的第一个难点是在刚刚过去的一周里，原本有6个人的团队离职了4个人，仅剩2个人，人手严重不足。
>
> 为了销售团队能够正常工作，我使用朋友圈裂变营销招聘法帮助该企业急速招人。
>
> 第一步，设计招聘海报。

我亲自设计、制作了如图1-4所示的招聘海报,并根据实际情况修改了海报上的文字内容:招聘电销人员,底薪8000元/月,外加10%的业绩提成,年收入超过20万元!以红色为海报的底色,以亮眼、吸睛的黄色为文字的用色,附该企业人力资源负责人的个人微信二维码。

图1-4 招聘海报实例

第二步,引爆朋友圈。

确定海报内容后,我请该企业全体员工以海报为配图更新朋友圈,配文"请转发该图片至你的朋友圈,发送成功后扫描图片中的微信二维码添加微信好友并发送朋友圈截图,即可得到50元红包。本活动仅限无锡人及长期在无锡工作、生活的人参与,每人限领1次,活动当天有效"。

第一天,转发一次得50元;第二天,转发一次得30元(更新朋友圈配文,后同);第三天,转发一次得20元;第四天及之后,转发一次得 10 元……这就是裂变式营销。

第一天，身边人的朋友圈就被我们的广告刷屏了。

第三步，面试、面试、再面试。

第一天上午安排员工统一更新朋友圈，中午就开始有很多人加人力资源负责人的微信，当然，此时，大部分人是来领红包的。到了第一天下午，开始有询问招聘事项的人了。我要求人力资源负责人约这些应聘者统一于第二天下午××时间前来面试，第二天下午，会议室里坐满了人。我亲自面试，一直面试到晚上，当天就有 4 个人通过了面试，并明确了入职意愿。

此次，我成功帮助该企业招聘到 15 个人，并经第二轮面试再次筛选一遍后，与 7 个人签署了试用期合同。

案例中的朋友圈裂变式招聘招到的人都特别优秀，为后面的业务开展奠定了坚实的基础，因此说这个策划案价值 20 万元。

通过刺激朋友圈转发迅速用招聘信息覆盖本地人的朋友圈，该招聘案例值得关注的成功之处有以下 3 点。

第一，不仅奖励金额大，而且兑换渠道畅通，裂变效果极好。

第二，仅限本地人及长期在本地工作、生活的人参与活动，既能够覆盖目标人群，又能够控制活动成本。

第三，明确要求企业全体员工更新朋友圈，指向明确——销售身边是谁？是销售；老板身边是谁？围着老板推销的销售。

后来，只要遇到缺少人才的合作企业，我就会使用这个方法帮助对方进行招聘。

1.5 望闻问切：面试销售的流程和技巧

前文已将招聘销售人才的渠道介绍清楚了，接下来的重点转移为如何组织面试、如何筛选人才。

1.5.1 面试的流程

面试通常分为 3 个步骤，具体如下。

1. 填写面试人员基本情况调查表

如果应聘者自带简历，是否还有必要让其填写一份面试人员基本情况调查表呢？我的意见是有必要。一方面，不同企业对人才的信息的关注点不同，要求应聘者填写有特色的面试人员基本情况调查表，是企业的专业性的体现之一；另一方面，通过应聘者留在面试人员基本情况调查表上的字迹，可以初步了解应聘者的性格、处事习惯。

正所谓"字如其人"，通过字迹，可以获得很多信息。比如，字迹潦草的人，性格大多有点浮夸，不太关注细节。再如，字迹力透纸背的人，性格一般比较强势，行动多迅速。又如，字迹端庄、好看的人，通常比较关注细节，做事稳重、有耐心。

2. 介绍企业

面试的过程是双向选择的过程，在企业评估人才的能力的同时，人才也在评估企业的实力。越是能力强的人才，选择面越广，企业越需要认真争取。

因此，在正式开始面试前为人才介绍企业概况，讲讲企业的发展历程、优势、背景、规模、文化、方向等，有利于人才对企业建立直观的认识。

在正式开始面试前为人才介绍企业概况，类似于在销售过程中为客户阐述产品价值，是有利于调动对方的兴趣与热情的行为。

3. 了解应聘者的各种情况

介绍完企业，就可以正式进入了解应聘者的专业、能力等情况的环节了。

销售面试中，一般是多名面试官面对一名应聘者，交流过程为先由面试官提问、应聘者回答，再由应聘者提问、面试官回答，循环往复，直至双方都获得想获得的信息。

1.5.2 面试的识人技巧

在这里,推荐一个能够提高面试效率的工具给人力资源负责人,这个工具叫作"量心尺",用于"看透"对方的心。

中医讲究望、闻、问、切,这四点同样适用于识人、辨人。

1. 望

望,即观察。在面试中,需要重点观察的是应聘者的表情、肢体动作。

面试时,认真观察应聘者的表情、肢体动作是很有必要的,因为人说出来的话很有可能是假话,但在没有受过相关专业训练的情况下,表情和肢体动作不会"说谎"。

举个例子,面试官问"你为什么离职"后,应聘者在回答"因为原企业快倒闭了,我看不到未来"的过程中无意识地用手蹭了一下鼻子,说明他在说谎,说出的话自己都不相信。

可能绝大部分人自己都没意识到,说谎时,他们会有频繁眨眼、摸鼻子、抓耳朵、捂嘴、摩擦后颈等小动作,这些小动作都是谎言的亲密伙伴。

再举一个例子,面试官问"你在原企业中取得过哪些骄人成绩"后,如果应聘者在叙述成功事例时身体放松、面带微笑、有骄傲神色,说明所讲事例是真的;如果应聘者在叙述时眼神飘忽、身体僵硬,就算说得有模有样,也很有可能是假的,比如描述的是别人的成功事例。

2. 闻

中医里，闻的本意是闻味道。在面试中，闻一方面是闻味道——通过闻味道判断应聘者的身体健康情况和个人卫生情况；另一方面是听声音——通过听应聘者的表达、逻辑，以及过往的成果与辉煌、挫折与失败，判断应聘者的工作能力。

3. 问

问，即提问。想掌控面试的节奏，必须恰当地提出问题，并通过观察对方的应答表现和反应速度，获取自己需要的信息。

4. 切

切，即判断。通过望、闻、问，可基本判断面试者的工作能力和处事态度，经过横向、纵向对比，即可得出是录用还是弃用的结论。

除了掌握望、闻、问、切等面试技巧，作为人力资源负责人，还需要在生活中关注身边人的性格特质，用心积累经验，形成自己的"识人数据库"，不断提高招聘成功率。

面试结束后，面试官可以请应聘者回家等通知。如果应聘者确实优秀，且企业着急用人，担心错失人才，面试当天就为应聘者办理入职手续也未尝不可。

1.5.3 面试的话术

前文提到,我们建议销售管理者作为销售专业人士、销售团队负责人参与销售面试。在销售方面专业、招聘方面不专业的情况下,销售管理者想在面试过程中快速了解人才的优势、劣势,最好掌握一些专业的面试话术。

面试销售的 10 个经典问题如下。

1. 经典问题一

"请简单介绍一下自己。"

这个问题可以作为面试开场白。一方面,了解应聘者的详细情况;另一方面,通过应聘者的表达判断他的性格、能力,比如,语言是否流畅、逻辑是否清晰、思维是否敏捷、是否自信、表情/肢体语言能否辅助表达。

2. 经典问题二

"为什么要从上一家企业离职?"

如果应聘者是跳槽过来的,或者刚刚失业,可以问一问离职原因,以此判断应聘者的稳定性。

这个问题最能考验应聘者是否诚实、是否懂得自省。如果应聘者回答时目光闪烁,并刻意躲闪面试官的眼神,说明应聘者不够诚实;如果应聘者关于离职原因的回答中全是企业的问题、同事的问题、领导的问题，不提任何自己的问题，说明应聘者内心充满怨气，不懂得自省。

一旦确定要录用，并且岗位比较重要，建议在应聘者入职前对其进行背景调查，调查一下该应聘者从前企业离职的真实原因。录用销售时，做好背景调查也很重要，毕竟销售走出企业谈合作时代表的是企业形象，而且日常工作、业务与利益密切相关。

3. 经典问题三

"为什么想来这里工作？"

问这个问题，一是看应聘者是否了解过本企业、准备工作做得如何；二是看应聘者是否真的是被本企业的某些优势、特点吸引来的。第二点很重要，因为如果应聘者是因为没地方去才来应聘的，未来一旦有更好的去处，他很可能会立刻离开。

就算是企业主动邀请对方来面试的（通过猎头举荐邀请、在竞争对手企业"挖墙脚"等），类似的问题也可以问，但问的目的是不一样的，主要方向是假设成交。在这种情况下，可以对问题进行微调，改为"假设你确定要来这里工作，是因为什么？"。此外，可以追加一个问题："如果你决定不来这里工作，是因为什么？"

4. 经典问题四

"为什么想当销售？"

这个问题很重要，是面试销售时必须问的，提问的目的是明确应聘者应聘销售岗位的主要动机。

面对这个问题，应聘者可能给出的回答如下。

可能给出的回答一：我的性格比较内向，希望通过挑战销售工作来改变性格，让自己更擅长与他人沟通、交流。

这样回答的应聘者可以录用吗？答案是不建议录用。

为什么？因为应聘者自己都意识到自己的性格内向了，明显不适合当销售。正所谓"江山易改，本性难移"，谁能奢望别人在短时间内改变性格呢？将时间跨度放宽到 5 年、10 年，应聘者的性格确实有可能改变，变得更外向、适合当销售了，但这 5 年、10 年的用人成本由谁来承担？更何况，5 年、10 年对改变一个人的性格而言是很短暂的。

可能给出的回答二：听朋友说当销售可以赚大钱 / 父母建议我当销售。

面对这样回答的应聘者，依然不建议录用，因为从回答中就可以看出来，这样的应聘者没有主见，习惯人云亦云。

可能给出的回答三：销售的工作门槛较低，除了销售，其他的工作我好像做不了。

找不到工作才来应聘销售，说明内心对销售这一工作没有认同感。不建议企业录用这样的应聘者，因为一旦对方在工作中发现自己销售以外的闪光点，很可能立刻离职他去。

可能给出的回答四：因为家里穷，听说当销售可以赚大钱，我想赚大钱。

可以考虑录用这样回答的应聘者，因为至少动机明确、有努力的动力源。面对这样回答的应聘者，可以继续提问，对其性格加以了解。如果对方过于内向或木讷，需要慎重考虑，尽量不录用。

可能给出的回答五：我喜欢当销售，因为当销售可以和很多不同性格的人接触，我喜欢与人交流时的感觉。

面对这样回答的应聘者，应该考虑优先录用，因为会这样回答，说明性格比较开朗、处事大方，且具备与人友好交流的能力。如果家里的条件有限，赚钱的动机明确，就更适合录用了。

5. 经典问题五

"你的性格优缺点是什么？"

问这个问题，一方面能够快速地了解应聘者的性格，另一方面能够结合直观的观察，判断应聘者对自己的认知是否准确。

6. 经典问题六

"可以对最成功的一次销售经历进行简单叙述吗？"

通过应聘者的回答，可以判断应聘者对"成功"的理解，并明确应聘者在工作中的关注点。

在应聘者叙述成功经历的过程中，面试官可以一边听一边观察对方的表情，判断对方叙述的经历是真实的还是编造的。

7. 经典问题七

"可以对最失败的一次销售经历进行简单叙述吗？"

人无完人，几乎所有应聘者都有失败的经历。引导应聘者回忆、叙述失败的经历，不仅能获知对方的缺点、短板，还能通过对方的表达状态（遮遮掩掩或大大方方）判断对方是否真诚、诚实。真诚的态度、诚实的品质比能力更珍贵。

8. 经典问题八

"你的人生目标是什么？"

如果应聘者有清晰的人生目标，说明他有追求、有动力、有努力方向，若这一人生目标恰好与工作目标一致，可以优先录用。如果应聘者没有人生目标，或明显是在现场编造人生目标，建议不要录用，因为这样的人没有努力方向，遇到困难时很容易选择放弃。

9. 经典问题九

"我们录用你的理由可以是什么？"

问这个问题的目的，一方面是让应聘者提炼一下自己的优势，另一方面是激发应聘者对这份工作的渴望。

10. 经典问题十

"假设你是你的前任经理，可以用经理的身份介绍一下你自己吗?"

这个问题是一个非常经典的面试问题,常出现在世界五百强企业的面试中。

要求应聘者假设自己是自己的前任经理,用经理的身份介绍一下自己在前企业中的工作表现,是在隐晦地让应聘者知道,如果企业要录用他,会致电他的前企业,进行背景调查。在这种情况下,应聘者通常不敢说假话。

与此同时,要求应聘者切换视角介绍自己的优缺点,应聘者的表达状态、表情、肢体语言能够更直观地展示他的交流、沟通习惯。

1.5.4 面试的倾听技巧

说完如何提问,接下来讲讲如何倾听。

面试官需要通过时长有限的面试判断应聘者是不是企业在找的人才,在这种情况下,掌握倾听技巧、引导对方尽量详细地介绍自己的情况是尤为重要的。

1. 不带表情

在销售过程中与客户交流时,我们提倡面带微笑、展示热情,以促进成交。但在面试应聘者的时候,建议不带表情,或者保持职业的微笑,以强调面试的严肃性、专业度。

在非常认可应聘者,努力邀请其入职的情况下,可以具体问题具体分析，根据实际情况调整自己的沟通状态。

2. 适时点头

在应聘者的回答、叙述告一段落时，可以适时点头，表示自己在认真听，鼓励对方表述并传达更多信息。

3. 不要轻易打断对方

在应聘者回答问题、叙述的过程中，尽量不要打断对方——对方说的越多，面试官能够掌握的信息就越多。

若经过观察，确认对方的讲话习惯有问题，比如过于唠叨、缺乏重点，可以适当地打断对方，以提高面试效率。

4. 及时反问

在应聘者回答完问题后，面试官可以及时反问、追问，通过观察应聘者的临场反应状态判断应聘者的真实能力、获知应聘者的真实想法。如今，社交媒体上的面试指导很多，针对经典的面试问题，应聘者很可能会提前准备好答案，在这种情况下，反问、追问时得到的答案往往更加真实。

为什么要当销售？

面试官："为什么要当销售？"

> 应聘者:"因为想多赚点钱。"
>
> 面试官:"为什么想多赚钱?"
>
> 应聘者:"因为家里穷。父母年纪大了,但还在上班,太辛苦了,我想让他们早点退休,享受幸福生活。"
>
> 面试官:"还有其他原因吗?"
>
> 应聘者:"还想实现自己的愿望。我想在城里买一套房。"
>
> 面试官:"为什么要在城里买房?"
>
> 应聘者:"想把父母接到城里来一起住。家里条件不好,来城里,让他们享享福。"

案例中的对话可以直观、真实地反映出应聘者孝顺、上进心强的特点,如果其他条件也不错,可以放心录用。

1.6 人才培育：亲手打造狼性销售团队

招聘成功后，需要对新员工进行入职培训。即使招聘到的是有经验的资深销售，也需要安排他们参加统一的入职培训，尽快了解企业的各项工作。

1.6.1 内训体系

内训内容包括心态与职业素养培养，企业背景、企业文化与企业制度宣讲，产品知识与产品价值明确，职场礼仪与沟通技巧指导等。以上内容中，心态与职业素养培养，企业背景、企业文化与企业制度宣讲的作用是统一价值观；产品知识与产品价值明确的作用是让新员工充分了解产品，以便更好地销售产品。

内训不一定仅针对新人，比如，明确产品知识与产品价值时，可以安排新员工与资深员工一起参训,并用小组讨论的方式,让资深员工为新员工进行讲解,反向巩固知识。

那么,由谁来做内训师呢?如果请第三方培训机构负责提供内训,无疑会增加成本;如果要求人力资源部门负责提供内训,人力资源部门的人自己都不太懂产品知识是大忌之一。综合考虑,在企业内部打造一支内训师队伍是不错的选择,具体内容见本书第 6 章。

需要注意的是,无论是什么培训,必须安排考核,否则很可能事倍功半。

1.6.2　外训体系

外训包括将员工送到外部机构参加培训(简称"送外培训")、组织户外拓展训练(简称"户外拓展")和厚脸皮训练。

1. 送外培训

将员工送到外部机构参加培训的操作很常见。很多企业有固定的合作培训机构,不管是为员工购买学习卡,还是为员工报名参加培训机构开设的公开课,都能显著提高参训员工的能力。

建议各企业每次送员工出去参加培训,都要求参训员工回来后给相关部门的同事讲授学到的知识,这一方面能够巩固参训员工的学习效果,同时提高参训员工的演讲能力和培训能力,另一方面能够给更多员工提供学习的机会。

2. 户外拓展训练

近些年，户外拓展训练是很多大型企业培训新员工的固定项目。

户外拓展训练非常适合企业组织新员工参加，因为户外拓展训练多为团队间的对抗，一方面可以培养、提高团队的协作能力，另一方面可以培养、提高团队成员的耐挫力，同时增加新员工间的情感交流，方便他们在日后的工作中有良好的沟通、合作。

在与承办户外拓展训练的机构沟通、筛选户外拓展训练的项目时，企业方负责人需要注意，尽量少选择娱乐性项目，多选择团队对抗项目。

在户外拓展训练的过程中，企业管理者要用心观察参训员工的表现。比如，有些员工的领导能力特别突出，经常成为训练活动的中心，便可以将其作为储备干部培养。再如，有些员工的训练积极性非常高，无论是思想还是行动，总是特别活跃，便可以将其作为金牌销售后备军培养。又如，有些员工总是冷眼旁观，拒绝参加各种训练项目，甚至迟到、早退，便可以重点考察其能否通过试用期，如果不符合用人标准，尽早辞退。

建议企业将户外拓展训练安排在新员工入职后的 3 个月内（试用期内）完成。

完成户外拓展训练后，企业管理者要记得安排总结与反思，组织讨论与分享，让户外拓展训练的作用最大化。

3. 厚脸皮训练

销售，经常需要与陌生人打交道。脸皮不够厚的销售，往往缺少与陌生人建立沟通关系的胆量，更别提被拒绝后依然努力尝试沟通了。

如何与既陌生，又冷漠的潜在客户建立沟通关系呢？被目标客户明确拒绝后，如何不气馁地努力重建沟通关系呢？

有个"厚脸皮"，销售的成功率会大大提高。

厚脸皮训练

2014年，我为一家白酒销售企业提供销售培训服务。因为该企业的销售普遍存在一个问题，即脸皮比较薄，我专门设计了一套厚脸皮训练课程，具体如下。

第一天，打招呼训练。

我先将12个销售分入3个小组，每个小组4个人，再将他们带到企业附近的大型超市旁，在每个超市门口安排1个小组的人员，要求他们与进出超市的所有顾客打招呼、说"你好"。

第二天，夸赞训练。

在打招呼训练的基础上提高难度，要求各超市门口的销售根据不同顾客的特点，给予进出超市的所有顾客不同的夸赞。比如，顾客带着孩子，夸孩子漂亮。再如，顾客穿着好看的衣服，夸顾客有品位、有眼光。

第三天，搭讪训练。

进一步在夸赞训练的基础上提高难度,要求各超市门口的销售与对他们的夸赞有回应的顾客搭讪、聊天,时间越长越好。记录各小组销售搭讪时长超过1分钟的顾客的数量。

第四天,推销比赛。

给各小组销售分发面膜,要求他们在规定的时间内积极推销。明确奖励标准,卖出面膜最多的小组可获得最高额的奖金。

该案例是典型的循序渐进的厚脸皮训练案例,从最基础的打招呼到最后的产品推销,4天的实战训练的效果比40天的纸上推销技巧学习的效果还要好。

对脸皮薄的销售来说,循序渐进很重要。如果一开始就安排推销比赛,脸皮薄的销售很可能会尴尬不已、一言不发,甚至破罐子破摔,直接放弃比赛,而接受了循序渐进的训练后,大家会逐渐习惯、逐渐放开,最后在团队荣誉的激励下突破自我、完成任务。

1.6.3 师徒体系

前文中,我们讲到了内训体系。实际工作中,有一种比内训更高效、更易于操作的培训方法是师徒式培训,甚至可以完善为师徒体系。

华为的导师制

华为的导师制(师徒制)在国内非常知名。

> 在华为,想要成为导师,必须符合以下两个条件。
>
> 条件一:绩效必须达标。
>
> 条件二:必须充分认可华为文化。
>
> 在华为,作为导师,除了需要对新员工进行工作方面的指导、岗位知识方面的传授,还需要在生活上给予新员工全方位的指导和帮助,包括帮助外地员工解决吃、住的问题,甚至情感方面的问题。

所谓的导师制(师徒制),其实就是老带新。很多企业有类似的培训体系,但效果普遍不好,因为很多资深员工并不会用心地带新员工,担心教会徒弟,饿死师父。

那么,如何让师徒制真正地发挥作用呢?

1. 作用流程

第一步:建立、优化师徒体系。

比如,规定一个资深员工固定带一个新员工,最多带两个,企业为资深员工发放劳务补贴。

再如,定期为新员工进行绩效排名,不仅奖励优秀的新员工,还同时奖励优秀新员工的师父。

第二步:由企业组织正式的拜师仪式。

由企业组织正式的拜师仪式,给予大家满满的仪式感。有了仪式感,师父与徒弟都会更认真,尤其是师父,会更有责任感。

第三步：与绩效挂钩。

正所谓"无利不起早"，师父为什么要用心带徒弟呢？仅靠荣誉感和责任感，驱动力是远远不足的。因此，企业不仅要设置带徒弟的劳务补贴，还要将徒弟的绩效与师父关联。比如，企业设置带徒弟的劳务补贴为 1000 元/月，补贴 3～6 个月，每月在徒弟月底考核合格后发放给师父。再如，自拜师之日起，要求徒弟将每个月的业绩提成的 20% 上交师父，至少上交一年。

此外，对于师父，有严格的资格要求。比如，必须工作满 3 年，且每年都能实现业绩目标。

在以上流程之外，可以辅增荣誉证书、奖金、优先权（销售业绩最突出的销售冠军可以优先选徒弟，入职培训成绩最好的新员工可以优先拜销售冠军为师）等激励措施，组合保障师徒体系的完美运行。

2. 拜师意义

不管在哪个行业，对新员工来说，拜师是最好的学习、成长方法之一。

为什么这么说？因为拜到好师父，可以少走不知多少弯路！

拜师讲究"就近"，即不管你在哪家企业工作，拜这家企业里公认的优秀员工为师即可，没有必要舍近求远地去其他企业拜高人学艺。

为什么要就近呢？因为身边的优秀员工的擅长之处与我们的目标工作高度吻合，向他学习能够现学现用，效率极高。

对销售来说，拜师的好处尤为明显，至少有以下 4 点。

好处一：可以得到师父的经验分享。

销售是一个技术活，顶级销售都有一套历经千辛万苦总结出的销售经验，又称销售技巧。如果不正式拜师，人家凭什么轻易将这些销售技巧传授给你？

好处二：可以借用师父的社会资源。

常言说得好，在家靠父母，出门靠朋友。顶级销售之所以能将工作做得又快又好，是因为社会资源多，不仅客户资源多，行业内上下游的合作资源也多。正式拜师后，跟着师父实战一段时间，往往能够快速扩充自己的社会资源。

好处三：可以得到师父的工作协助。

一方面，在工作初期，遇到难以沟通的客户时，很多新销售难以应付，需要师父帮忙与客户沟通，提高销售成功率。

另一方面，从推销到回款是一个系统工程，企业内部多部门完美配合才能顺畅推进相关工作。且想要与优质客户长期合作，需要得到售中、售后相关部门的同事的鼎力支持，不断提高客户的满意度。对新销售来说，很难自己协调好企业内部错综复杂的关系，有了师父，很多事情会好办得多。

好处四：可以得到师父的处事教导。

把事做好的前提是把人做好，正式拜师后，师父不仅能在如何做事方面给予指导，还能在如何做人方面给予点拨。尤其是在遇到挫折的时候，很多问题是当局者迷，旁观者清的，有一个经验丰富的师父在旁及时指出问题，给予修正建议，能够更快地成长。

拜师是新销售快速成长的捷径之一，在此提醒所有刚入行的销售，在师父的教导和点拨下快速成长后，一定要记得永念师恩，不要寒了师父的心，给师徒体系这一良好的成长体系带来负面影响。

总体而言，对销售管理者，甚至企业管理者来说，做好人才管理是第一要务，因为工作的核心是实现业绩目标，而业绩是人创造的，把团队带好了，业绩目标自然不用愁。

第 2 章

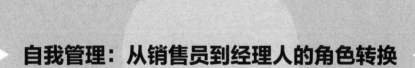

自我管理：从销售员到经理人的角色转换

2.1 定位明确：顶级销售不一定适合做销售管理者

很多企业会努力将顶级销售往销售管理者方向培养，认为一个能做好销售工作的人，必然能管好销售团队，殊不知这根本是两码事。

《三国演义》中的刘备、关羽、张飞、诸葛亮的故事很值得我们琢磨。

关羽，手中一把青龙偃月刀，能温酒斩华雄、过五关斩六将，但守不好一座城池，先有大意失荆州，后有败走麦城，最后在孙权手里丢了性命。

张飞，一根丈八蛇矛勇冠三军，能在长坂桥一人喝退曹操百万雄兵，但带队伍并不出色，甚至最后在睡梦中死于亲信之手。

诸葛亮，有"卧龙、凤雏，得一人可安天下"之才，能在草庐中说清天下大事，但即便被刘备在白帝城托孤，得到"可扶，扶之；不可扶，可取而代之"的承诺，依然甘居人臣。

最后说刘备,论武艺不及关羽和张飞,论才智比不上诸葛亮,为什么能得到以上 3 位的追随和力挺呢?因为善于管理。

在现代企业中同样如此,顶级销售不一定适合担任销售管理职务,而业绩一般的人说不定更能把队伍带好。

找到合适的管理者

2015 年,我为无锡一家环保企业提供销售培训服务,当时,该企业总经理对销售团队的管理方法是把所有销售分入 3 个部门,人数最多的一部有 6 个人,人数最少的三部才有 2 个人,这 3 个部门的销售经理谁也不服谁,经常内斗。

我了解情况后,和所有销售一对一地谈了一遍,发现二部的一位陈姓销售很有管理才能。此人年纪不大,但工作经验不少;虽然业绩平平,但人际关系处理得非常好,无论是合作者还是企业内部员工,都跟他有着良好的关系。

再次和陈姓销售细谈一次后,我向该企业总经理提建议,请他晋升这位陈姓销售为企业的销售总监——不需要跑业务,一心管理销售团队。

该企业总经理一开始并不愿意接受这个建议,因为他想晋升的是一部的销售经理崔经理:一方面,崔经理的业绩拔尖;另一方面,崔经理与他有亲戚关系。

不过,这位崔经理的情商实在不高,且有些恃宠而骄,几乎把企业内各部门的人得罪了个遍,甚至连部门内的销售都不服他。

在征询了大家的意见后，该企业总经理只得接受我的建议，同意晋升陈姓销售为销售总监，设置了为期3个月的试用期。

陈总监上岗后，把自己的客户全部交接给了优秀的销售，全身心扑在管理工作上，经常向我请教管理技巧。最终，陈总监不负众望地带领该企业的销售团队创了业绩新高——半年内，业绩翻了一番。

通过案例可以看出，做得好销售，不一定做得好管理。想要做好管理，必须明确自己的定位，及时转变心态。否则，管理岗做不好，销售岗回不去，说不定得离职了事，不管是对企业来说，还是对自己的职业成长来说，都是损失。

2.2 角色认知：
明确什么应该做，什么不应该做

角色认知指一个人对自己的岗位、权责、行为规范的正确认识，以及对角色关系的充分了解。在职场中，完成角色认知是做好工作的先决条件，一个人能否成功地扮演各种角色，取决于其对角色的认知是否充分。

对一个销售而言，若领导计划任命你为销售管理者，而你选择接受这个任命，那么，你的角色就发生了变化，应该重新审视自己的岗位职责、确认自己的绩效目标、梳理自己的工作任务，明确什么应该做，什么不应该做。

为了方便新销售和新晋销售管理者明确自己的岗位职责和工作重点，提供一份表单供大家参考，见表2-1。

表 2-1　不同销售岗位的岗位职责与工作重点

岗位名称	上下级关系	岗位职责	工作重点
销售员	上级：销售经理 下级：无	执行销售计划，与客户沟通，推销产品或服务，实现销售目标	实现个人销售目标，与新客户建立合作关系，提高客户满意度和忠诚度，提高销售周期内的转化率
销售内勤/销售助理	上级：销售经理 下级：无	为销售团队提供行政支持，包括准备销售报告、管理客户数据库、安排会议等	提供高效的行政支持，确保销售活动的顺畅推进；准确无误地记录销售数据，维护客户数据库；确保销售合同合法合规、订单签订流程正确
销售经理	上级：区域销售经理/渠道销售经理 下级：销售员/销售内勤/销售助理	管理销售团队，制定销售策略，分配销售任务，监督销售进度，提升团队业绩，优化客户关系，辅导销售新人	确保分管的销售团队实现销售目标，确保个人销售目标的实现；优化销售流程和团队结构，培养分管的销售团队的成员；管理销售预算
区域销售经理	上级：销售总监 下级：销售经理	负责特定区域或市场的销售活动，管理区域内的销售团队，制订区域销售计划，实现区域销售目标	确保分管区域的销售目标的实现，确保个人销售目标的实现，提高区域市场覆盖率和渗透率，维护、优化关键客户关系
渠道销售经理	上级：销售总监 下级：销售经理	管理分销渠道，与分销商合作，确保产品在渠道内顺利销售、推广	确保分管渠道的销售目标的实现，优化渠道销售策略和合作伙伴关系，监督渠道销售活动的推进

续表

岗位名称	上下级关系	岗位职责	工作重点
销售总监	上级：副总经理 下级：区域销售经理/渠道销售经理	制定、执行销售战略，监管销售预算；与高层管理团队合作，确保销售目标的实现；配合人力资源部门招聘销售人才	在规定时间内实现销售目标；建立、维护关键客户关系和合作伙伴关系；确保团队成员的健康发展；控制销售预算和成本
副总经理	上级：总经理 下级：销售总监	审核销售战略；监督销售部门的运作，协调跨部门合作，确保销售目标的实现；参与高层决策	确保销售战略与企业战略一致；在规定时间内实现企业层面的销售目标；管理销售预算；提高销售部门与其他部门的协作效率

2.3 改变自己：要想改变世界，需要先改变自己

2.3.1 学会变通

各企业的销售管理者通常是优中选优的顶级人才，因为在产、供、销中，"销"极其重要——没有"销"，就谈不上"产"，更谈不上"供"。

因此，大多数销售管理者心中明白，企业把最重要的销售部门交给自己，说明自己足够优秀。

足够优秀的人大多非常自信、有自己的想法，但是，请各位销售管理者反思一下，自己真的完美无缺吗？无法继续精进了吗？

想持续精进，就要学会变通，且不拒绝改变。

改变谁？改变自己！

山不过来，我就过去

古时有一位得道高人，经常在当地开堂讲学，颇得民心，且有一众弟子为他传经布道。有一天，这位高人对众弟子说："为师要闭关修炼了。"随后，一个人走入深山。

一年后，高人出关，对众弟子说："为师经过一年的修炼，研习了'移山大法'，可以把山移到自己面前。"众弟子闻言面面相觑，都不太相信。高人见众弟子不相信，表示第二天会表演给大家看。

第二天一大早，高人便登上了高台。当地村民纷纷闻讯而来，想一睹高人的移山神技。

见台下站满了人，高人开始念念有词地"移山"，但一个多小时过去后，远处的山没有丝毫移动的迹象。

令人不解的事情发生了，高人站起身，走下高台，一边念念有词，一边走向大山。

待好奇的村民和众弟子跟着高人来到山脚下，高人回头对众人道："其实，我研习的不是法术，而是人生哲理——山不过来，我就过去。"

"山不过来，我就过去"是一个非常简单的人生哲理，但很多人终其一生都没有明白其中的真谛。

挑刺还是赞赏？

有一次，我和友人喝茶，谈到了他的一个经历。他的太太一向

> 不爱做饭，某次心血来潮地做了一顿饭，我的友人觉得不太好吃，便抱怨了几句，并直白地提了一些建议，没想到此举导致两人大吵一架，他的太太在吵架后至少一个月未进厨房。终于，随着时间的推移，他的太太气消了，又下厨做了一次饭，这次，我的友人学乖了，大加赞赏，他的太太非常开心，此后的几天，会时不时地做些好吃的。

案例中，我的友人通过改变自己的行为——从埋怨到夸赞，对太太的行为施加了影响。此举可以同理推演到工作上。

作为销售管理者，我们很难改变上级、改变其他部门的负责人，甚至连自己的下属都很难改变，那么，与其天天抱怨上级、抱怨同事、抱怨下属，不如想一想我们自己身上是否也有问题、能否通过改变自己影响身边人。

在戴尔·卡耐基的《人性的弱点》中，有一个金句非常值得我们品读：**当你改变不了别人时，不如用改变自己来影响他人。**

2.3.2 改正错误

改变自己，改的是什么呢？

改的是自己的错！

具体而言，改的是自己的错误的处事方法和心态。

只有不断地改错，才会越来越优秀。

很多人在鼓励他人时常说:"你要努力!越努力越幸运!"但严格来说,这句话是缺少前提的:如果你的处事方法是错误的,再努力也得不到正确的、良好的结果;如果你的心态是有问题的,指导行为的思想和价值观也很有可能是有问题的,这样的心态是无法支持你获得正确的、良好的结果的。

举个例子,选择了一条错误的路后,再努力,再坚持,也到不了目的地,甚至可以说越努力、越坚持,离目的地越远。所谓"南辕北辙",正是如此。

被批评了,但成长了

我从2006年起为各企业提供销售培训服务,在2006年至2016年这10年间,虽然我一直很努力,但课量始终很少。我曾自我检讨:是不是营销做得不够好?也曾找过市场、环境的原因:是不是有销售培训需求的企业太少了?直到2016年,我才真正明白问题出在哪里。

2016年,我接受了上海一家培训机构的委托,为一家民营企业提供销售培训服务。

因为是初次合作,该培训机构的负责人梅姐全程旁听。

培训结束后,我找到梅姐,诚恳地问道:"梅姐,您是专业人士,能否针对我的培训情况提点建议?"

这位梅姐曾在外企担任人力资源总监20余年,辞职出来后自己创业,运营培训机构已10余年,是一位非常资深的机构负责人。

> 我很想听听这位培训专家的意见,当然,更渴望听到她的肯定和赞扬。
>
> 应我的要求,梅姐很认真地点评了我的培训情况,听着听着,我竟出了一身冷汗。因为我真的听到了问题,而且是很多问题。
>
> 一开始,我想反驳、辩解,但越听越无话可说。掏出笔记本,我默默地记录下了自己的问题。
>
> 此次培训结束后,梅姐再也没有与我合作过,但那一个多小时的批评、指导成为我培训生涯的转折点,让我受益匪浅。
>
> 自那以后,我每次讲完课都会真诚请教旁听的负责人,不管是培训机构的负责人,还是受训企业的负责人。所有人提的建议我都会用心记录,并尝试改进。
>
> 2017年,我的课量突然大增;2019年,我的课量超过了200天/年!
>
> 如今,我终于成长为一名在行业内有影响力的销售培训师。

这个案例说明了什么道理?说明人要学会改错,才能越来越好!那么,改错的前提是什么呢?

是认错!

2.3.3 主动认错

俗话说:"失败乃成功之母。"但失败后跟着的真的只有成功吗?

如果失败后不检讨失败的原因，成功永远不会跟随而来。

因此，"失败乃成功之母"这句话需要得到补充，完善为：**失败后，要学会认错，并找到失败的原因，加以改正，如此才有机会获得成功。**

正所谓"人无完人"，没有人是天生完美的，都有一个犯错、认错、改错、不断成长的过程。不拒绝认错的人能少走很多弯路，而不肯认错的人很可能一辈子碌碌无为，或者不断摸爬滚打，经历多次失败才总结出经验、教训，走着略显曲折的成功之路。

谁不想少走弯路呢？学会主动认错吧！只有不拒绝认错，才能听到更多的建议，学到更多的改错方法。

很多人脸皮薄、要面子、经不起批评，具体表现为一旦有人给自己提意见，就忙着找理由辩解、反驳，如果对方与自己平级，或者级别低于自己，跟对方吵起来都有可能。殊不知这样做很可能导致自己失去发现错误、改正错误的大好机会。

在与梅姐合作的案例中，梅姐刚开始指出我的问题时，我是想反驳的，但她的语速特别快，我根本找不到插话的机会。正是梅姐的强势，让我真正地开始关注自己的问题，进而意识到自己以前是多么自以为是、愚蠢、幼稚。正所谓"山外有山，人外有人"，只有愿意谦卑、真诚地认错，才有机会听到别人的教诲。

其实，大多数职场人在成长过程中是有3类认错、改错、更加优秀的机会的。

第一类机会是父母给我们的机会。

成长过程中，父母常会教育我们、指导我们，如果我们因年少无知或青春叛逆而听不进去，很可能不断错过这类认错、改错、更加优秀的机会。

第二类机会是走进学校后老师给我们的机会。

在学校里，老师经常会指出我们的问题，帮助我们改正错误，如果我们因调皮、懒惰，或是不想在小伙伴面前露怯，对老师的话左耳朵进右耳朵出，很可能不断错过这类认错、改错、更加优秀的机会。

第三类机会是走上工作岗位后领导给我们的机会。

走上工作岗位后，领导经常会指点我们，给我们提出各种各样的建议，如果我们因为疲惫、不满，或者不想让领导看低自己、不想让同事认为自己无能，经常找借口、寻理由，不断反驳、耍花招，很可能不断错过这类认错、改错、更加优秀的机会。

上面这3类机会，若都能把握住，一定会在各自的领域发光发热；若都把握不住，也许会在某一角落自怨自艾，抱怨世界对自己的不公平。

成功的人，有各种各样成功的途径，失败的人，则大多有一个共同点：绝不承认自己有错。

其实，大家有同样多的时间、类似的成长历程。父母、老师、领导，很少有人身边没有这些角色。这些人为什么会批评、指导我们呢？

首先是父母，他们对我们的教育、指导，出自爱。父母对我们的爱是无私的，不管我们身在何方、身居何职，他们都会一刻不停地关注我们、孜孜不倦地教育我们，希望我们成长得更好。

其次是老师，他们对我们的帮助、关注，出自职业责任感。传授知识，是老师的本职工作；教授做人的道理则是优秀老师的责任感使然。遇到愿意帮助我们、为我们指出问题、陪伴我们改正错误的老师，我们不仅不应该反感，还应该深深地感激。

最后是领导，他们对我们的指点、建议，虽然有追求更高效益、更好工作成果的目的，但本质上还是在为我们的成长助力。在我自己创办了企业、当上了领导后，才真正理解了领导的心思。如果某位下属根本没有成长空间，我大概率是不会在他身上浪费指导的时间和精力的。

如果我早一点明白这些道理，当年，我大概率不会辞职离开公安系统。

都是领导的错？

我当过几年警察，后来因选择经商而离开公安系统。

很多朋友以为我离开公安系统的原因是创业热情难当，殊不知真正的原因是我在公安系统内工作得不开心——当时，我的领导（派出所所长）每次开会都会批评我，有时甚至会严厉到让我无地自容。在这种情况下，遇到创业机会，我便毅然决然地脱去了警服。

离开公安系统十几年后的一天，母亲生病，我去医院陪护时恰巧在医院的电梯里遇到了我当年的领导——那位派出所所长。

所长一眼将我认出来了："小曹，是你吗？"

我回头一看:"呀,所长?您怎么也来医院了?"

所长苦笑道:"最近身体不太好,过来做个检查。"

我看着他的满头白发,当年的怨气荡然无存,主动问道:"那我们找个地方坐一会儿,聊一聊?"

在门诊楼外的草坪上,我们聊了一会儿,我这才知道所长已经退休了,他多年来坚守一线工作,落下了很多老毛病,如今是医院的常客。打开心扉后,我忍不住问道:"所长,当年我辞职去创业,您知道真实原因吗?"

所长苦笑道:"我猜,是因为怨恨我总是批评你?"

我点点头道:"是的,当时和我一起进派出所的一共有5位新民警,但您每次开会时只批评我一个人,我当时猜,是不是因为那些人都有'靠山',所以您不敢批评他们?"

所长生气道:"怎么可能?!我常批评你是因为我觉得你是所有新人里最能干的!你身上有很多优点,但同样有很多缺点,我怕你走我当年走过的弯路,希望你快点成长,就多说了你几句,没想到你会受不了。"

我恍然大悟,原来所长批评我是为我好!

告别所长后,我陷入了沉思。回想当年,如果我能心平气和地接受所长的批评、主动认错并改错,大概如今会有更亮眼的成就吧?

可能很多读者有和我类似的经历吧?在被批评的时候没能理解对

方的良苦用心，导致自己错过了快速成长的机会。

有错就要主动认错，那么，具体应该如何认错呢？

被批评时，不管是不是自己的错，请立刻回答："我有错！"因为所有的事情都是有正反两面的，一点错误都挑不出来的情况并不常见。

认下错误后，可以接着问："请问我应该如何改正错误？"

此外，得到对方的回答后，最好追问一句："还有其他建议吗？"得到全部建议后要说"谢谢"。

注意，不管别人提的建议你是否认同，都要说"太棒了！非常感谢您的建议"，因为只有这样，对方下次才会继续给你提建议，被提的建议多了，总有一条会给你启发。

若你愿意认错并接受建议，批评你、给你提建议的人不仅不会小看你，还会为你而高兴，并在再次看到你的问题时继续给你提建议。反观那些自以为是、不愿意认错、拒绝接受建议的人，很难获得同一个人的第二次建议，从而失去很多改错的机会。当身上的问题变成恶习，深入自己的潜意识，再想改就难了。

总之，**认错的主要目的是改错**，避免未来再犯错。认错虽不能直接带来成功，但会帮助我们一步步接近成功。

2.4 永不抱怨：抱怨只会让事情变得更糟

改变自己，是为了让自己快速成长，那么，到底是什么在阻碍我们成长呢？除了不善变通、不愿意认错并改错，还有一个很大的障碍是**经常抱怨**。

> ### 抱怨的可笑之处
>
> 有一次，我接到了一家位于张家港市的生产木饰面板的企业的培训订单。由于是给管理层培训，且时间跨度比较长，我提前去企业进行了调研。一位姓张的人力资源总监接待了我，一走进会议室，张总监就向我抱怨道："曹老师，我们企业的问题可大了，尤其是管理层。"
>
> 我一边打开笔记本一边问："能不能讲点具体的案例呢？"
>
> 张总监想了想，说："就在昨天早上，董事长组织中层以上的

干部开会,原因是他接到了一个大客户的电话投诉,说我们发的货有色差。董事长非常重视这件事,因为与这个大客户的业务往来量占企业总体业务往来量的20%。会议刚开始,董事长就严厉地批评了销售总监,说难道你不知道这是多么重要的客户吗?怎么能发次品呢?万一该客户不跟我们合作了,你知道我们的损失有多大吗?销售总监被批评后很委屈,反驳说产品有问题不能责怪销售,因为销售并不负责生产!董事长一想也对,立刻转头批评生产总监,生产总监也很委屈,说产品有色差是因为采购部采购的原材料有问题。董事长见状去批评采购总监,采购总监说原材料有问题是因为财务付款不及时,供应商没有按时发货。董事长转向财务总监,财务总监也立刻表达了自己的委屈,说销售没有及时把钱收回来导致企业账上的流转资金不够。董事长转向销售总监,大家都发现问题成了一个圈……"

我刚好在喝水,顿时被呛了一下,笑着说:"我让你讲案例,你怎么讲起故事来了?"

张总监道:"老师,您别笑,这就是昨天早上发生的事!"

这家木饰面板生产企业管理层的问题很明显:遇事只会相互抱怨、指责,销售责怪生产、生产责怪采购、采购责怪财务、财务责怪销售,责怪成了一个圈。但凡其中有一个人站起来说"这是我的错",或许其他人就会跟着反思自己的问题。

在上述案例中,没有人敢指责董事长,难道董事长没有错吗?重用的人都不敢担责，形成了遇事急着推责、抱怨的不良企业文化，董事长才是问题的始作俑者。

可以说，抱怨不仅无助于问题的解决，还会把问题复杂化：一个抱怨，会引发无数新的抱怨，不仅会让人的情绪恶化，还会让人忽视自己身上存在的问题。

举个例子，一个销售跟丢了一个客户，为了避免被领导批评，很可能会抱怨自己的企业报价太高、客户太难沟通。但实际上呢？出现问题的原因很可能是销售自己没有充分了解客户的需求、没有抓住时机展现自家产品的价值，导致客户流失。

再举一个例子，一个销售管理者没有按时实现业绩目标，很可能会抱怨下属不努力、偷懒。但实际上呢？出现问题的原因很可能是该销售管理者没有在下属需要帮助的时候挺身而出，或是任用了不合格的下属，导致业绩不佳。

抱怨会给我们带来很多不必要的麻烦，是绝对的坏习惯，需要尽早纠正。那么，如何解决爱抱怨的问题呢？

2.4.1 改变抱怨习惯

推荐一个很有趣的工具——紫手环。

美国作家威尔·鲍温（Will Bowen）的著作《不抱怨的世界》直击很多人的痛点——爱抱怨，出版后很快风靡全球。

除了内容实用，《不抱怨的世界》这本书还为所有读者赠送了一个很有趣的工具：紫手环。这个工具其实就是一个普通的紫色橡胶手环，手环上印着一行字：一个不抱怨的世界。

> **紫手环的妙用**
>
> 在《不抱怨的世界》中，有对紫手环的使用方法的详细介绍。
>
> 首先，把紫手环戴在手腕上，左手手腕或右手手腕都可以。
>
> 其次，每次心生抱怨，都把紫手环摘下来，换一只手戴，如此交替。
>
> 最后，如果成功坚持21天没有换手腕戴紫手环（没有抱怨），就可以把紫手环摘下来，送给下一个想纠正坏习惯的人。
>
> 紫手环不仅可以用于纠正爱抱怨这个坏习惯，还可以用于纠正其他坏习惯，比如经常生气、做事拖拉、爱迟到。

紫手环并不是纠正坏习惯的必备用品，是可以用其他物品代替的，比如皮筋、珠串、手表，只要目标明确，工具是多种多样的。

2.4.2 进行心理建设

除了改变抱怨习惯，还要通过进行心理建设来彻底告别抱怨。

1. 把问题转化为机会

通常，抱怨越多的地方，机会越多。

有人说发明源自需求，我认为，说发明源自抱怨也是没问题的。

比如，有人抱怨下雨天外出吃饭太麻烦，外卖行业飞速发展。再如，有人抱怨从地铁站到企业走路上千米太远、太耗时，共享单车排满地铁口。又如，有人抱怨某客户太难沟通，你挺身而出、排除万难，把业务做成了，你就有更大的升职加薪的可能性。

由此可见，听到抱怨时，我们应该高兴，因为机会来了！如果我们只会和别人一起抱怨，机会很可能就悄悄溜走了。

2. 解决问题

20世纪八九十年代，中国房地产需要销售吗？不需要，因为那时的房子一开始卖就被哄抢，甚至需要排队、摇号购买。到了21世纪，房地产销售岗位众多，对应的便是房子销售难这一问题。

因此，在抱怨队伍难带、招不到合适的销售、找不到高质量的客户前，大家不妨想一想，这些问题的存在，正是我们作为销售管理者存在的基础，换句话说，我们之所以有机会成为销售管理者，正是因为有这些问题需要被解决。

注意，解决企业存在的问题正是员工的价值所在，谁解决的问题多，谁的价值就大。

3. 迎难而上

现在的年轻人，智商、情商大多被从小关注、培养、锻炼，很少有极低的情况,与之相比,**逆商**获得的关注度远远不够——如今的"90后""00后"大多是独生子女,集万千宠爱于一身,直面挫折的能力直到走上社会才得以锻炼。现在有一个流行词为"躺平",对应的行为就是逆商低的表现之一。

逆商简称"AQ",全称为"逆境商数",又被称为"耐挫力",指人们在面对困难、挫折,甚至失败的时候,依然保持良好的心态,把困难转化为动力的能力。

迎难而上

我有一个姓刘的同学结婚较早,在我们还在艰苦创业的时候,他的儿子已经上初中了。在下面的叙述中,我用"刘爸爸"指代我的这位刘姓同学。

刘爸爸的儿子天生瘦弱,经常被同学欺负。某年暑假,刘爸爸带着儿子去找我们的一位开拳击馆的同学,请他帮忙训练一下孩子。

我们的这位开拳击馆的同学姓薛,通常被称为薛教练。薛教练欣然同意帮忙训练孩子,立刻安排孩子与拳击馆里的一位学员打一场,看看孩子的身体素质、心理素质。

孩子穿上拳击服,戴上略宽松的拳击手套,小心翼翼地走上了拳击台,刚打了一回合就被对面的学员打趴下了,迟迟不愿意爬起来。

刘爸爸非常懊恼,对薛教练说:"你看,我的儿子真是太弱了。"

薛教练说:"没事,你把孩子交给我吧!为了保证训练效果,我建议你把他留在这里,封闭训练,一个月内不要来看他。你放心,我会亲自训练他。"

为了孩子能快速地变强大,刘爸爸答应了薛教练。

一个月后,刘爸爸忐忑地来拳击馆看孩子,进门后正好看到孩子和上次那位学员在拳击台上对打的情景。对面的学员轻轻一拳送出,他的儿子立刻被击倒;双手一撑,他的儿子站了起来,继续迎战,对面的学员一拳过来,他的儿子又被击倒……

刘爸爸心疼不已,快步走到场边的薛教练面前,问道:"怎么训练了一个月,我的儿子一点进步都没有,还是只能挨揍?"

薛教练微微一笑道:"你的儿子进步可大了,你没有看出来吗?"

各位读者,你们看出孩子的进步了吗?刚走进拳击馆时,孩子被击倒后是拒绝爬起来的;一个月后,孩子虽然还是很容易被击倒,但每次被击倒都能够很快地爬起来继续迎战。这就是进步,逆商的进步。

生活中,真正的强大是内心的强大,是被打倒后立刻站起来继续迎战的勇气,是受挫后微微一笑的洒脱,是失败后擦干眼泪从头再来的决心。

2.5 压力管理：正确面对压力，才能获得动力

2.5.1 压力与负面情绪的关系

本章我们讨论的情绪主要为负面情绪，负面情绪往往出现在重压之下，即先有压力，后有负面情绪。

压力是负面情绪产生的源头，负面情绪是压力的表象。压力增加，负面情绪会增多；负面情绪增多，会反过来制造更大的压力，如此产生恶性循环。

既然压力是负面情绪产生的源头，本节，我们重点聊聊压力评估和解压技巧。

2.5.2 压力评估

想要了解自己的压力情况,可以做一个自我压力指数评估,自我压力指数评估表及其解读如下。

自我压力指数评估表

以下问题,如果答案为"是",请打"√";如果答案为"不是",请打"×"。

1. 你最近是否经常感觉心烦意乱?
2. 你最近是否经常与别人持不同意见,且比较容易发怒?
3. 你最近是否很少主动与密友谈心事?
4. 你最近是否很想辞职,或离家旅游一段时间?
5. 你最近是否与家人相处得不太愉快?
6. 你最近是否觉得自己有健康问题,并为此烦恼?
7. 你最近是否经常感觉食欲缺乏?
8. 你最近的体重是否有明显的上升或下降?
9. 你最近是否经常在深夜12点后睡觉?
10. 你最近是否经常失眠或做噩梦?
11. 你最近是否经常感觉时间不够用?
12. 你最近是否经常发现有重要的事情被遗漏?
13. 你不喜欢做琐碎、重复的事情,是吗?
14. 你最近是否经常觉得你的领导在针对你?
15. 你最近是否频繁懊恼自己赚钱的速度不够快?

16. 你最近是否经常担忧未来？
17. 你最近是否觉得各方面的压力极大，压得自己喘不透气？
18. 看到同事的良好表现，你是否会觉得自己不够好，甚至非常懊恼？
19. 看到灾难性新闻，你的情绪是否会受到影响？
20. 阴雨潮湿的天气，是否会让你的情绪低落？

（　）个"是"

压力指数解读

（1）4个或4个以下的"是"

压力级别：无压力，快乐一族。

生活状态：健康快乐，无忧无虑。

生活建议：给自己设定目标，增加压力；帮助他人缓解压力。

（2）5～8个"是"

压力级别：低压力，轻松一族。

生活状态：能够感受到压力的存在，但可以自行调节。

生活建议：适当地给自己增加压力，并尝试将压力转化为动力。

（3）9～12个"是"

压力级别：中压力，正常一族。

生活状态：压力在正常范围内，平衡好压力与动力即可。

生活建议：合理安排工作与生活，空闲时间安排一些娱乐活动。

(4) 13~16个"是"

压力级别：高压力，危险一族。

生活状态：精神紧张，情绪易怒，工作忙碌。

生活建议：合理分配时间，留出娱乐空间；增加社交，学会倾诉。

(5) 17~20个"是"

压力级别：超高压力，重度危险一族。

生活状态：没有放松的空间，压力大到近乎崩溃。

生活建议：寻求专业人士的帮助；找到压力源，解决问题；学会时间管理、压力管理、情绪管理。

通过压力指数解读可以看出，压力值比较高的人（有13个及以上的"是"答案）需要适当缓解压力；压力值比较低的人（有8个及以下的"是"答案）则需要适当增加压力，并尝试将压力转化为动力。

为什么压力值比较低的人需要适当增加压力呢？因为适度的压力不仅不会给人带来负面情绪，还会给人提供工作动力、优化工作绩效，如图2-1所示。由此可见，人要学会与压力"共舞"。

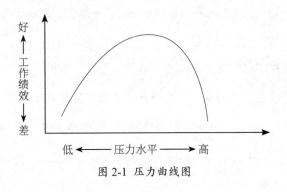

图2-1 压力曲线图

如图 2-1 所示，人的压力值比较低的时候，工作绩效是比较差的；压力值适中的时候，工作绩效最好；压力值过高的时候，工作绩效会迅速下降——人可能会选择"躺平"。

在这种情况下，销售管理者需要考虑各方面关系的平衡，给予销售团队适中的业绩目标，以及需要跳起来去够的冲刺目标，并设定实现冲刺目标后的达标奖。为什么要这样做？因为若销售团队整体的业绩目标过高，能力较差的团队成员会觉得反正再努力也无法实现目标，不如混日子；而当销售团队整体的业绩目标适中，同时有需要跳起来去够的冲刺目标时，团队氛围最好，能力一般的销售和顶级销售都会有明确的努力方向和积极的工作态度。

南瓜实验

在一个秋意渐浓的十月，麻省理工学院（MIT）的实验室里，一群科研人员正围在一张实验台旁，准备进行一个奇特的科学实验——南瓜到底能承受多大的压力。

南瓜到底能承受多大的压力？外壳坚硬、内部遍布柔软的纤维和种子的独特结构是否隐藏着某种力学奥秘？对 MIT 的科研人员来说，这是一个值得深入研究的科学课题。

几个大小、形状和成熟度相似的南瓜被小心翼翼地运进实验室，准备接受一场"压力测试"。实验设备是一台精密的液压机，可以缓慢、均匀地给南瓜施加压力，同时记录下每一刻的数据。

实验开始了。第一个南瓜被放置在液压机的平台上，机器缓缓启动，压力逐渐增加。科研人员紧盯着显示屏上的数据，同时观察南瓜的变化。

100磅：南瓜纹丝不动，外壳坚硬如初。

500磅：南瓜表面开始出现微小的凹陷，但仍然完好无损。

1000磅：南瓜的外壳发出轻微的吱吱声，仿佛在抗议。

1500磅："砰"的一声，南瓜终于承受不住压力，外壳破裂，内部的纤维和种子四散飞溅。

科研人员迅速记录下南瓜破裂时的压力值，并仔细观察南瓜的破裂状态。

经过多次实验，科研人员得出了一个令人吃惊的结论：南瓜具有极强的抗压能力，部分南瓜甚至能承受超过2000磅的压力！这种承压能力不仅来自外壳，还与其内部独特的纤维结构有关，这些纤维像一张复杂的网，将压力均匀分布，延缓了破裂的发生。

一个南瓜尚能承受住如此大的压力，更何况能自我开解、调节的人呢？

适度的压力不仅不是坏事，还可以让我们变得更强大！

2.5.3 解压技巧

如前文所述，对压力而言，适度最重要。在2.5.2中，我们介绍了适度加压的重要性，本节，我们针对压力过大的情况介绍几个解压技巧。

1. 旧棉袜法

这是一个心理暗示技巧。

感觉到压力难以承受时,找一张沙发或一把舒适的椅子,想象自己是一只旧棉袜,耷拉在这张沙发或这把椅子上。带着这种想象坐下去,人会非常地放松,压力会随之缓解。

这个方法比较适合用在出席重要活动、登上讲台(舞台)前,比如见客户前、演讲前、面试前。

2. 音乐疗愈法

感觉到压力难以承受时,可以给自己放点轻松、愉悦的音乐。在下班路上、睡觉前听听舒缓的音乐,人会立刻放松下来。

3. 345 呼吸法

这是一个通过深呼吸帮助自己放松的技巧,具体流程如下。

第一步:深吸一口气,气入丹田,吸气用时控制为 3 秒。

第二步:憋气,大约 4 秒,同时放空大脑。

第三步:缓缓吐气,在吐气的同时想象压力、坏情绪等全部随气流离开自己,让身体随之彻底放松。

若一次不够,可以多次尝试。

4. 摔东西法

很多小朋友会在不高兴的时候摔东西,因为摔东西可以帮助人们释放内心的不满和积蓄的压力。长大后,大部分人能够克制自己在压力极大的时候摔东西的欲望,但若条件允许,不妨尝试用这种方法释放一些压力。

摔东西不一定是一种破坏行为,摔靠垫、抱枕等摔不坏的东西,既环保,又解压。

5. 倾诉法

倾诉是非常有效的释放压力的方法。很多轻生的人是身边少有亲密朋友的人,因为压抑的时间越久,越容易走上绝路。

因此,我们可以尝试多交一些知己,压力大时相约喝喝咖啡、奶茶,哪怕不刻意倾诉不满,讲讲自己的日常也是一种放松途径。

6. 健身法

打球、跳绳、跑步、游泳……大汗淋漓的运动非常有利于解压。

与之类似的还有旅游、唱歌等,换个环境或换种生活状态,压力会消失大半。

7. 咨询法

如果已自我感觉达到了患有抑郁症的程度,千万别觉得不好意思,一定要主动去找心理咨询师、心理医生咨询、治疗。

8. 自我催眠法（类扫描仪法）

扫描仪法是催眠师帮助被催眠者进入催眠状态的常用方法，我们可以尝试使用与之类似的自我催眠法，帮助自己进入放松状态。自我催眠法的使用流程如下。

第一步：找一个安静的场所，在一张床或沙发上平躺。

第二步：关注自己的呼吸，逐步放松自己的身体。

第三步：想象自己头上悬浮着一个扫描仪。

第四步：用意念指挥自己想象出的扫描仪，让它从额头上方开始，缓慢移动、扫描，扫描仪的光线移到哪里，哪里的肌肉就开始放松，脸部、脖子、胸口、胳膊、肚子（及后背）、大腿、膝盖、小腿、脚，逐步扫描，逐步放松。

第五步：如果扫描一遍后觉得自己还不够放松，可以再扫描一遍。

使用自我催眠法，不仅能够释放压力，还能够帮助自己快速入睡，解决失眠问题（如有）。

很多人问，使用自我催眠法时，能否播放一些舒缓的音乐？可以放，也可以不放。如果要放，一定要放自己最熟悉的音乐，且音量一定要小，因为如果播放的音乐是陌生的，或者播放音量比较大，不仅无法帮助自己放松、解压，还会让自己更加烦躁。

2.5.4 强大内心

想要正确面对压力,不仅要学习、掌握解压技巧,还要努力强大自己的内心,拥有能够承受更多压力的"大心脏"。

为什么这样说?因为大家身处同样的社会,感受到的就业压力、生活压力是类似的。在同样的环境中,为什么有人生活得很快乐,有人则近乎崩溃呢?因为内心的强大程度不同。

接受逆商训练是提高自己的耐挫力、抗压能力的可选途径之一。

2.6 情绪管理：解决情绪问题，才能高效工作

在 2.5 节中，我们介绍过，压力是负面情绪产生的源头，负面情绪是压力的表象，压力增加，负面情绪会增多；负面情绪增多，会反过来制造更大的压力，如此产生恶性循环。因此，掌握了压力管理方法，其实就基本解决了情绪管理问题。

为了让大家更重视情绪管理，接下来，我们谈谈情绪失控的坏处和情绪管理技巧。

2.6.1 情绪失控的坏处

1. 给身体带来伤害

情绪失控给身体带来的伤害，可概括为以下 10 点。

第一，提高心血管系统风险。

急性影响：情绪失控时，肾上腺素和皮质醇激增，导致心率加快、血压升高，可能诱发心绞痛或心律失常。

长期风险：慢性压力与高血压、动脉粥样硬化相关，增加心肌梗死和中风风险。研究表明，长期情绪失控的人比情绪稳定的人患心脏病的风险高约19%。

第二，提高免疫系统风险。

功能抑制：皮质醇长期偏高会抑制淋巴细胞的生成，削弱免疫力，提高感染风险。

炎症反应：慢性压力会促进炎性细胞因子释放，与类风湿性关节炎、肠炎等自身免疫疾病相关。

第三，提高消化系统风险。

急性影响：应激导致胃酸分泌过多，引发胃痛、恶心或腹泻。

长期风险：长期压力可能诱发胃溃疡、肠易激综合征（IBS），并与肠道菌群失衡有关。

第四，提高神经系统风险。

脑结构变化：海马体萎缩影响记忆力，前额叶皮层功能下降导致决策困难。

精神疾病：焦虑症、抑郁症风险提高，与神经递质（如5-羟色胺）失衡相关。

第五，提高呼吸系统风险。

过度换气综合征：情绪失控时呼吸急促，可能导致碱中毒，引发头晕、四肢麻木。

哮喘恶化：压力激素加剧气道炎症症状，提高哮喘发作频率。

第六，提高内分泌系统风险。

血糖失衡：增加患 2 型糖尿病风险。

生殖激素紊乱：女性可能出现月经不调症状，男性可能出现睾酮水平下降症状，影响性功能。

第七，增加睡眠障碍。

失眠：压力导致交感神经持续兴奋、褪黑素分泌减少，影响睡眠质量。

恶性循环：睡眠不足进一步加剧情绪波动，形成健康与心理的双重负担。

第八，肌肉骨骼系统风险。

慢性疼痛：长期肌肉紧张引发紧张性头痛、肩颈痛，甚至纤维肌痛综合征。

第九，影响皮肤健康。

炎症性皮肤病：因皮质醇扰乱皮肤屏障修复，导致痤疮、湿疹和银屑病的出现或加剧。

加速衰老：慢性压力缩短端粒长度，促进细胞老化。

第十，提高行为相关风险。

成瘾行为：通过吸烟、酗酒缓解情绪失控情况时，会提高患肺病、肝病的风险。

饮食失调：情绪性进食会导致肥胖或营养不良，加剧代谢综合征。

请问，在情绪失控会为身体带来这么多伤害的情况下，大家还敢生气吗？

2. 为工作制造危机

作为销售管理者，在工作中随意发脾气，不仅会让下属心生反感，还可能会让上级对自己的能力心生质疑。

作为销售，在沟通中随意发脾气，不仅不利于与合作伙伴保持良好的沟通关系，还不利于企业内、部门内同事关系的维护。

3. 给生活带来麻烦

经常情绪失控的人，不仅会在工作中发脾气，还会将负面情绪带回家，影响夫妻关系、亲子关系，将工作、生活都搞得一团糟。

2.6.2 情绪管理技巧

既然情绪失控有如此多的坏处，那么，如何控制情绪、不发脾气呢？

1. 微笑定律

微笑定律又被称为"曼狄诺定律"，由美国作家奥格·曼狄诺提出。这条定律的内涵只有一句话：**微笑可以换取黄金。**

第 2 章 自我管理：从销售员到经理人的角色转换

奥格·曼狄诺认为：微笑是世界上最美的行为语言，虽然无声，但是能在无声中打动别人；微笑是人际关系中的最佳"润滑剂"，能够有效拉近人与人之间的心理距离。

价值百万美元的笑容

日本有一个保险推销员，专门训练过自己的笑容——为了让自己的笑容看起来是自然的、发自内心的，他经常面对镜子，假设自己身处各种场合，练习各种微笑。

因为调动全身肌肉的笑才有强大的感染力，所以他找了一面全身镜，每天利用空闲时间，不分昼夜地练习。

此外，他还听从自己太太的建议，跑去育儿所，向婴儿学习如何笑，因为婴儿的笑容是最天真、最无邪的笑容，绝大多数人会在面对婴儿的笑容时感觉心情舒畅。

经过一段时间的练习，该保险推销员发现，嘴唇的闭合、眉毛的角度、皱纹的走向等，都与笑的效果有关，甚至双手的起落与双腿的位置都会影响笑的效果。

有一段时间，因为在路上练习大笑，该保险推销员被路人误认为精神有问题；因为练习得太入迷，该保险推销员还曾半夜笑醒。

历经苦练后，该保险推销员终于可以用自己的笑容感染周围的人了，看到他的笑容时，与他沟通、交流的人往往会不由自主地随他露出微笑。

后来，该保险推销员把笑容细分为38种，面对不同的客户，

> 展现不同的笑容。该保险推销员就是在日本被誉为拥有"价值百万美元的笑容"的小个子——原一平。

其实,人不仅会在开心的时候不由自主地微笑,还会在微笑的时候不由自主地感觉到开心,这是双向的。因此,不开心的时候、情绪不佳的时候、即将发脾气的时候,不妨笑一笑,心情一定会变得舒畅。

2. 积极转化法

任何事情都有正反两面,中国自古就有"塞翁失马,焉知非福"的典故。

> **塞翁失马,焉知非福**
>
> 从前,边塞有位老人,养了一匹马。一天,马跑丢了,邻居们来安慰他,老人却说:"丢马未必是坏事。"果然,几天后,跑丢的马带回了一匹骏马。邻居们来祝贺他,老人却说:"这未必是好事。"不久后,他的儿子骑马摔断了腿,邻居们再次来安慰他,老人依然平静:"这未必是坏事。"后来,战争爆发,其他年轻人被征入伍,大多战死,而他的儿子因腿伤免于服役,保全了性命。

"塞翁失马,焉知非福"的典故揭示的是祸福相依的道理:好事可能带来坏结果,坏事也可能带来好结果,不要过早判断事情的好坏。

第 2 章 自我管理：从销售员到经理人的角色转换

很多成功人士都有在困境中寻找机遇的优秀品质，比如"牛仔大王"李维斯·斯特劳斯（Levi Strauss，或译为李维·斯特劳斯）。

困境与机遇并存

李维斯·斯特劳斯，这个名字与牛仔裤紧密相连。

李维斯的故事不仅是商业传奇，还是在困境中寻找机遇的典范。

1847 年，年轻的李维斯怀揣着淘金梦，从德国移民到美国。然而，现实并非想象般美好，在他抵达美国时，淘金热早已褪去，留给他的只有失望。但李维斯并未气馁，他没有在第一目的地纽约停留，转而投奔在旧金山经营布匹生意的姐夫。

初到旧金山，李维斯敏锐地发现淘金者们非常需要结实、耐用的裤子，而当时市面上的裤子很容易磨损，根本无法承受淘金工作的摩擦强度。于是，李维斯灵机一动，用帆布制作了一批结实、耐磨的工装裤，大受欢迎。

李维斯并不满足于一时的成功，他不断改进产品，寻找更优质的面料。一次偶然的机会，李维斯发现一种来自法国尼姆的斜纹棉布质地坚韧，非常适合用于制作工装裤。这种布料后来被称为"丹宁布"（Denim），是制作牛仔裤的标志性面料。

1873 年，李维斯与裁缝雅各布·戴维斯合作，为工装裤申请了专利——他们在裤子口袋和裤门处使用铜钉进行加固，大大提高了裤子的耐用性。这种带有铜钉加固的蓝色牛仔裤，就是如今家喻户晓的李维斯 501 牛仔裤的前身。

李维斯的成功并非偶然——他并没有被淘金梦的破灭击倒,而是在困境中依托自己敏锐的洞察力和不断创新的精神发现新的商机,并不断改进产品,满足客户需求,最终打造了牛仔裤帝国。

李维斯的故事告诉我们,困境往往与机遇并存,积极转化困境中的困难与机遇,带着积极的心态勇于创新,更能抓住成功的机会。

毕竟"危机"一词本身就在直观展示"危"与"机"的并存。

3. 念"消气咒语"

我有一句特别喜欢的"消气咒语":**生气就是用别人的错误惩罚自己。**

我在快要生气时念一念这个"消气咒语",气就会很快消失。

为什么呢?想一想,你会因谁而生气?大概率不是自己吧?因别人而生气,将自己的身体气坏了,别人却没有受到任何伤害,何必呢?

2.7 效率管理：成为高效能的销售管理者

2.7.1 时间管理

什么是效率？效率呈现的是经济活动中的投入产出比，对应的是资源有效利用的程度。

效率管理，即使用一些管理手段来提高工作效率，实现用较少的投入获得较大的产出的目的。

什么是组织效率？组织效率指的是组织的投入产出比。组织的投入越少（在同等产出的情况下），产出越大（在同等投入的情况下），组织效率越高。

在降本增效中，"降本"讲的是如何降低投入成本，"增效"讲的是如何增加产出。

什么是个人效率？个人效率指的是个人的投入产出比。因为个人在组织中的投入以精力和时间为主，所以对个人来说，**效率管理≈精力管理≈时间管理**。提高单位时间的利用率，单位时间内个人的产出增多，效率就提高了。

对大多数销售管理者来说，时间管理是不陌生的，但真正将时间管理做好的销售管理者没几个。

重视时间管理的前提是了解时间管理的重要性，明确时间对个体来说到底是什么。

那么，时间对个体来说到底是什么？很多人可能会毫不犹豫地回答："时间等于金钱。"

既然时间等于金钱，我现在支付给你 1000 元，请你立刻转移给我属于你的 1 分钟（你的当天时间减少 1 分钟，我的当天时间增加 1 分钟），可以吗？好像不可以。

那么，时间到底是什么？

如果我问你几岁了，你会怎么回答？你大概会说 30 岁、35 岁、40 岁……

这个答案，对应着你活了多少年。因此，时间对你我来说，是生命的计量工具。换句话说，**时间就是生命**。

比如，你现在读这本书已经读了半个小时，代表着你的有限的生命已经消耗掉了半个小时。

那么，为什么大家会习惯性地说"时间就是金钱"呢？因为你把时间投入了工作，时间由此等于金钱。如果你把时间投入健身，时间就是健康；如果你把时间投入阅读和学习，时间就是知识和技能；如果你把时间投入娱乐，时间就是快乐和放松。

时间可以用于多种情境，但它首先等于生命，因此，时间管理就是生命管理。

2.7.2 投资与回报

其实，每人每天真正用来工作、创造财富的时间不到 1/3，另外 2/3 的时间要用来睡觉、吃饭、娱乐、发呆……在这种情况下，真正投入工作的时间是不到 8 个小时的。人的工作年限不过三四十年，真正可以用来创造财富的时间是很有限的。算清楚这一点后，你还好意思浪费自己宝贵的工作时间吗？

接下来，我们谈一谈投资与回报。时间对人来说是公平的——每人每天都是 24 个小时。那么，为什么人的成功程度是不同的？因为不同的人在同样的工作时间内创造的财富是不同的，在同样的工作时间内创造的财富越多，在社会评判体系内越"成功"。有些人更成功的原因大概率是更好地利用了时间，把时间作为资本进行运作，提高了投资回报率。

作为企业的中坚力量，销售管理者的时间要投入产出最大的工作与任务中，以求获得最大的回报。

比如，在第 1 章中，我们提到过 4 类员工，分别为"人睬""人财""人材"和"人裁"。假设这 4 类员工都在我们的团队里，大家想一想，消耗我们的时间与精力最多的是哪类员工？

"人材"多为新员工、部分学习能力有限但工作态度极其端正的老员工，虽然他们的能力相对较弱，但工作意愿较强，只要有能力强的顶级销售指导，就能创造效益，对销售管理者的精力和时间的消耗比较少。

"人财"多为销售冠军、顶级销售，几乎不需要销售管理者投入管理时间与精力就可以创造很多效益，是最受销售管理者青睐的员工。

"人睬"多为"老油条"，能力可能很强，但工作意愿往往较弱，在这种情况下，他们的业绩表现不会太好，也不会太差，基本没有存在感。对于这类员工，销售管理者可以具体问题具体分析，根据自己的工作强度协调投入在他们身上的时间与精力。

最后一类员工是所谓的"人裁"——能力弱，意愿也弱。在学校里，成绩差且不愿意学习的学生总是最耗费老师的时间与精力的学生，同理，在职场上，"人裁"往往是最耗费管理者的时间与精力的员工。对于"人裁"，很可能投入再多的时间与精力也收不到回报，投入产出比明显最低。

错位的付出

2023年，我应邀为一家农牧科技企业提供销售培训服务。调研过程中，我发现在过去的五六年里，该企业来来往往的销售有100余人。这100余人，除了需要企业支付人均半年的工资，还需

> 要企业安排销售管理者对他们进行培训和帮扶——销售管理者的这些时间与精力最终全打了水漂,如果将这些时间与精力投入市场销售,或投入对有培养价值的销售的培养,企业业绩早就翻倍了。
>
> 难怪这家企业运营了近20年,业绩始终不理想。

针对上述4类员工进行培养时间与精力的投入划分,建议销售管理者给予的分配比例为60%给"人材",30%给"人财",10%给"人睬",至于"人裁",应该交给人力资源部门,调岗或辞退。

2.7.3 日清表——让效率倍增

作为销售管理者,每天除了要管理好自己的销售团队、协调其他部门来协助自己的销售团队完成销售任务,还要参加各种会议,见上下游的客户、供应商、合作伙伴,此外,有时还有重要的客户需要亲自跟进。

那么,销售管理者应该如何管理自己的时间、有条不紊地开展工作呢?有一个简单且实用的效率管理工具——日清表。

日清表由海尔集团发明,脱胎于海尔集团的OEC管理法。

海尔集团的OEC管理法是一个全面优化管理的方法,由海尔集团在1989年提出。OEC是"Overall Every Control and Clear"的缩写,意为全方位地对每人、每日所做的每件事进行控制和清理。这种方法强调日事日毕、日清日高,即当天的工作要当天完成、清理,且每天都要有所提高。

确保当天的工作当天完成的工具就是日清表。

日清表的使用步骤如下。

1. 列出当天需要完成的所有事

这一步要求工作人员每天上班做的第一件事就是把当天需要完成的所有工作都列出来。

罗列工作事项可以作为每天上班的第一件事去做，也可以在前一天晚上临睡时做好。如果你是乘坐公共交通工具或厂车上班，在路上做这件事也可以。

2. 区分事项的轻、重、缓、急

列出所有事项后，要区分事项的轻、重、缓、急。比如，最重要的事用 A 表示，一般重要的事用 B 表示，不太重要的事用 C 表示。

这一步遵循的是时间管理中的"要事第一"原则，强调在生活中、工作中，要优先处理重要级别高的事。

3. 给每件事设定完成时限

我有一个很喜欢的金句："不给工作设定完成时限，等于在给拖延找理由。"

对于自己比较排斥的工作，人的趋利避害的本能会让我们给自己找各种理由进行拖延。因此，一定要及时为每件事设定完成时限，尤其是重要且紧急的事。

4. 及时勾掉做完的事

每做完一件事,都要记得在日清表上勾掉这件事,这样做,能够持续给自己成就感,且便于自己区分做完的事和没做完的事。

5. 下班前核对完成情况

临下班时,通览日清表,看看哪些工作没有被勾掉。对于未完成的工作,能加班完成的,最好加班完成,如果无法加班完成,可将其列为第二天的A类事项。

日清表的使用方法非常简单,形成使用习惯,至少有以下3点好处。

好处一:不容易遗漏工作。

好处二:不会随意拖延。

好处三:确保重要的工作及时完成。

这么好的工具,必须要在销售团队内,甚至企业内全面推广。销售管理者要坚持每天使用,起到带头作用。

日清表有对应的App,名为日事清,也有网页版可使用。当然,制作表格并打印出来填写也是可以的。日清表实例见表2-2。

表2-2 日清表

___周 ___年__月__日 天气____				
序号	A、B、C分类	起止时间	事项	完成情况	备注

注：A类最重要、B类一般重要、C类不太重要

总的来说，销售管理者不仅要管理好团队，还要管理好自己。管理自己是销售管理者必须非常重视的工作之一，因为中国有句古话叫作"上梁不正下梁歪"，管理好自己，才有足够的底气和能力管理团队。

第 3 章

激励管理：如何激发销售团队的狼性

3.1 激发潜能：每个人都是宝藏

3.1.1 潜能

人在身陷绝境或遇险的时候，往往会释放不同寻常的力量。没有退路，就会产生一种不可思议的巨大爆发力，这种爆发力就源自潜能。

美国心理学之父威廉·詹姆斯研究发现：普通人只开发了自己蕴藏的能力的10%，与应当取得的成就相比，普通人是半醒着的。

奥地利著名心理学家奥托·兰克指出：一个人所发挥出来的能力，只占他全部能力的4%。也就是说，人类还有96%的能力尚未发挥出来。

更夸张的是赫赫有名的控制论之父、美国数学家维纳，他说："我可以完全有把握地说，每个人，即便他是取得了辉煌成就的人，在他的一生中，利用他自己的大脑的潜能还不到百亿分之一。"

这位维纳先生可能有点夸张，但我们无法否认潜能的存在。

瞬间爆发的老爷子

第二次世界大战期间，德国入侵波兰，对波兰城区狂轰滥炸。有一位70余岁的老太太在往家跑的时候，不幸被路旁炸坍塌的墙壁压倒了。墙壁太重了，她爬不出来，只得高呼"救命"。

这一幕刚好被马路对面二层楼里的老爷子看到了——他正守在窗口焦急地等待妻子回来。老爷子也年逾70，但他看到自己深爱的妻子被墙壁压倒后，情急之下竟像壮年男子一般跑下楼，直奔妻子而去。奇迹出现了，他靠一己之力，竟然将压着妻子的坍塌的墙壁抬起了一条缝！

老太太得救了，但很可惜，老爷子用力过猛，看到妻子没事后，自己瘫倒在一旁，气绝身亡。

这个例子说明，人是有潜能的，只要条件充分就可能被激发。

再举一个例子。众所周知，盲人的耳朵往往很灵敏——因为眼睛看不到了，所以耳朵要承担更大的责任，守护盲人的安全。为什么眼睛失明后耳朵会更灵敏呢？因为人的耳朵有巨大的潜能，正常人的相关潜能没有被如此激发而已。

假设业绩平平的销售毫无退路，像盲人的耳朵必须为了守护盲人的安全而高强度工作一样，为了挣更多的钱、有更好的生活而拼命努力，有什么业绩是完不成的？

由此可见，要想激发销售团队的潜能，就要帮助他们为努力工作找到充分的理由、获得强烈的动机。

3.1.2 动机

为什么有些人不愿意行动？因为缺乏动机。

动机这一概念最早被美国心理学家武德沃斯于1918年应用于心理学，被认为是决定行为的内在驱动力。

我曾在公安系统内任职，一位资深刑警对我说过，最容易破的案子是凶杀案。我很纳闷地询问原因，那位资深刑警告诉我："一方面，凶杀案是大案，领导足够重视；另一方面，凶杀案的犯案人大多有强烈的作案动机，无外乎财、权、情、怨，明确了动机，就能顺藤摸瓜地找到凶手。"

由此可见，动机的驱动力是强大的。

动机，通常分两类。

第一类，追求快乐；

第二类，逃避痛苦。

比如，人为什么要吃饭？一方面是为了享受美食——追求快乐；另一方面是为了不饿肚子——逃避痛苦。

再如，人很难坚持健身的原因是健身的快乐在未来（拥有更健康的身体和更好的身材），痛苦在当下。

那么，追求快乐和逃避痛苦，哪一类动机更容易激发销售的斗志？

是逃避痛苦，这是由人的趋利避害的本能决定的。

想要利用这一点来激励下属，我们可以对无法实现业绩目标的团队或个人采取一些惩罚措施，比如，要求没有实现业绩目标的团队为超额完成任务的团队打扫办公室卫生；再如，进行适度体罚，如跑步、爬楼梯等。

除了对逃避痛苦的动机加以利用，追求快乐的动机也有利用价值。

3.1.3 目标

销售管理者应该如何利用团队成员追求快乐的动机激发团队热情呢？

既简单，又有效的方法是帮助下属设定目标！下属完成目标后的喜悦和快乐是团队潜能的促生剂。

> **跨越 20 年的跟踪调查**
>
> 坊间传闻，1953 年，耶鲁大学对毕业生进行了一项调查，调查他们是否有明确的人生目标。调查结果显示，只有3%的学生有明确的目标并愿意将其写下来。
>
> 20年后，研究人员对这些毕业生进行了跟踪调查，发现那3%有明确的目标并愿意将其写下来的学生所取得的成就远远超过其余97%的学生。
>
> 由此可见，明确的目标对个人成长、成功而言是至关重要的。

这则故事流传甚广，但耶鲁大学官方并未证实进行过这项调查，其很可能是基于一些心理学研究演绎出来的。不过，不管3%这个数据是否准确无误，至少它传递了一个重要信息：有明确的目标，对个人成长、成功而言是极其重要的！这一点（设定目标的重要性）是得到许多心理学研究证实的。

因此，人想要成功，必须给自己设定明确且长期的目标。

作为销售管理者，要对下属的成长负责任，在下属没有自己的奋斗目标时，要协助他们设定目标，以此激发他们的奋斗动机。

帮助下属设定目标，可分为6个步骤实现。

第一步，组织销售会议。

这种销售会议类似于内部培训，会前可以布置任务，让大家思考一下自己的目标有哪些。

第二步，列明目标。

目标不一定是必须倾其所有去实现的终极目标，可以是大目标，也可以是小目标，哪怕是换一部手机、买一个包、买一双鞋，都可以成为目标。我给自己列目标的时候，大大小小，一共列出100余个目标。

第三步，为目标排序。

按重要性为目标排序，选出前10个目标。

第四步，将目标具体化。

设定的目标一定要具体，否则就是无效目标。

比如，很多人设定的目标是"我要财富自由""我要出国旅游""我要减肥"，这样的目标是不够明确的。

财富自由,存款多少算财富自由?

出国旅游,具体想去哪个国家或哪几个国家?

减肥,需要减到体重为多少算是成功?

再如,以买一套房为目标的话,需要明确这套房面积多大、有几个房间、朝向如何、户型如何、位于几楼等。

又如,以买一辆车为目标的话,需要明确这辆车的品牌、排量、颜色、配置等。

想买车,那便去买!

2012年,我去上海为一家企业提供员工的长期潜能激发培训服务,这家企业以电销为主要业务,有500余名销售,我每次培训50名销售,共设置十余期培训。

在给第一批销售培训时,一个穿着白裙子的女销售站起来与我互动。

我问她:"你的目标是什么?"

她回答:"买一辆车。"

我说:"你的目标不够明确。你想买什么牌子、什么颜色、什么配置的车?大约需要多少钱?"

她想了想,回答道:"大众CC,白色,顶配,大约35万元。"

我继续问:"你为什么现在没有买?"

她说:"因为我现在存下的钱只够付首付款,我想等存够了钱,全款买。"

> 我看着她的眼睛，大声问道："你想成功吗？你想年薪百万元吗？"
>
> 她的情绪被我调动起来了，大声回答："当然想！"
>
> 我说："那么，明天就带着你的首付款去4S店试驾吧！"
>
> 一周后，我给第二批销售培训，训间休息的时候，一个姑娘跑过来问我："曹老师，您还记得上期培训中的一个穿着白裙子的女销售吗？"
>
> 我点了点头："是想买车的那个姑娘吧？"
>
> 这个女销售说："对，就是她，她买车了！"
>
> 我说："那挺好的啊！"
>
> 这个女销售继续说："您知道吗？她接受培训后变化极大，简直变成了一个'工作狂'！每天早上第一个到企业，最后一个离开。"
>
> 我笑了笑，说："不错，我相信她一定会成功的！"
>
> 一年后，我接到了白裙子女销售的感谢电话，她的事业飞速发展，已经成为一个20余人的销售团队的销售经理了。

白裙子女销售的成功主要源自她的努力，这种努力，与她贷款给自己买了一辆车有关。为什么她会突然变成"工作狂"？因为她要还车贷。为了避免延误还贷，她不得不采取行动。因此，我们不仅要设定明确的目标，还要有行动。

第五步，给每个目标设定实现时间。

如果目标没有实现时限，几乎无法发挥激励作用。因此，设定明确的目标后,还要给目标设定实现时间。

根据实现时间的不同,目标可以由近及远地设定,比如,今年需要实现哪些目标(当下的目标)?1~3年需要实现哪些目标(近期目标)?3~5年需要实现哪些目标(中期目标)?10年内需要实现哪些目标(远期目标)?20年内需要实现哪些目标(终极目标)?

人生目标金字塔如图3-1所示。

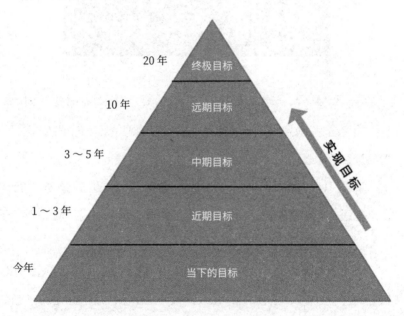

图3-1 人生目标金字塔

第六步,制作"梦想板"。

设定人生目标后,可以将这些人生目标"视觉化",做成"梦想板",如图3-2所示。

图 3-2 梦想板

一般来说,在思维方式方面,人的左脑、右脑各有侧重。左脑主导人的语言、逻辑思维,即理性的一面;右脑则主导人的情感、艺术、形象记忆,即感性的一面。

如果目标停留在语言文字上,便只激发了左脑的潜能。如果能够把这些语言文字图像化、视觉化,就能激发右脑的潜能,使人产生努力实现目标的欲望。

作为销售管理者,在组织销售团队培训的时候,可以请大家把设定好的文字目标转化为图片,做成海报张贴出来,给自己提供一定的视觉冲击。

每天看着自己的目标,不努力就觉得对不起自己。

回想一下铅球健将巩立姣在拿到 2020 年东京奥运会女子铅球项目的冠军后激动地对全国观众说的话:人一定要有梦想,万一实现了呢?!可见目标对人生的重要性。

3.2 竞赛激励：利用好团队竞赛

3.2.1 竞赛激励

顾名思义，竞赛激励制度是通过组织竞赛点燃竞争激情的激励制度。具体来讲，是通过组织各种竞赛来激发个人和团队的进取心，从而达到自我提升、团队提升、企业提升的目的。

竞赛可以分为个人竞赛和团队竞赛，针对销售团队，建议以团队竞赛为主要形式组织竞赛，因为组织个人竞赛容易在团队内制造矛盾和摩擦，不利于团队协作。此外，组织团队竞赛有整体提高全员荣誉感的作用。对拥有若干销售团队的企业来说，组织团队竞赛是最有效的团队激励方式。

一言不发的激励

某厂招聘来了一个厂长，半夜视察车间，临走的时候在车间黑板上写了一个数字7。

第二天一早，白班车间班组长看到这个数字7，问交班员工是什么意思，交班员工说这是厂长来视察后写的，表示夜班车间班组完成的工作量是7吨。白班车间班组长一想，我们可不能在新厂长面前落后啊，立刻敦促下属积极生产，下班时把黑板上的数字7擦了，写上了数字10。

夜班车间班组长到岗后，一看白班产量竟然超越了夜班产量，不服气，要求下属更加努力，并于第二天一早写上了数字12。

这么你追我赶一周后，新厂长正式与大家开会见面时，各车间班组的日产量竟然都超过了15吨，翻了不止一倍。

案例中的新厂长很聪明，利用车间班组间相互竞争的集体荣誉感，还没跟大家见面，就完成了一次竞赛激励。

3.2.2 竞赛激励的好处

为什么团队一旦进入竞赛状态，团队成员的激情就会被调动呢？

在运动场上，有一种心理叫"运动竞赛心理"，指运动员参加竞赛时的心理，主要有以下5个方面。

1. 激发求胜欲

促使身心能量产生全方位变化，适应竞赛需要。

2. 进入竞争状态

勇于拼搏，提高承受巨大心理压力的能力。在对抗性运动中，敢于进行身体接触、冲撞。

3. 激发潜能

身心处于高度激活状态，充分激发潜能，保证动作的最大力量、最快速度和最高准确性。

4. 提高压力阈值

承受内外压力，减少个人得失焦虑，将运动责任感和义务感作为运动竞赛的动力。

5. 调动集体荣誉感

在团队竞赛中，运动员会为了守护集体荣誉而全力竞争，失误时会因为影响了团队成绩而懊恼。

以上这些心理作用在运动员身上，能高效激发运动员的潜能，帮助其获得更好的运动状态和名次。

> ### 是得到还是失去？
>
> 一个心理学家做了一个经典实验，让参与实验的学生两两组合，但是不能商量，各自在纸上写下自己想得到的钱数。如果两个人写下的数字之和小于或等于100，那么，两个人都可以得到等于自己写下的数字的钱；如果两个人写下的数字之和大于100，比如为120，那么，他们必须分别付给心理学家等于他们写下的数字之和的1/2的钱。
>
> 实验结果出来后，几乎没有哪一组学生写下的数字之和小于或等于100，他们都不得不付给心理学家钱。

实验中的心理学家认为，人们有一种与生俱来的竞争天性，每个人都希望自己比别人强，因此，在面对利益冲突的时候，人们往往会选择竞争，就算拼个两败俱伤也在所不惜。在此基础上，即使双方有共同利益，人们也往往会优先选择竞争，而不是选择对双方都有利的合作。

这种现象被称为"竞争优势效应"。

回到企业，销售管理者同样能通过组织团队竞赛激发团队成员的潜能，获得更理想的业绩。

想象一下，你是某销售团队的一员，知道自己所在的团队在与其他团队竞赛，且与排名第一的团队差不了多少。为了集体荣誉，你是不是会更加努力？

销售团队是以业绩论英雄的，每个月、每个季度都要复盘业绩目标的实现率。将业绩目标与团队竞赛结合，既能激发团队活力，又能帮助团队超额实现业绩目标，一举两得，何乐而不为呢？

3.2.3 组织团队竞赛的步骤

组织团队竞赛的具体步骤如下。

1. 完成竞赛分组

要想让团队竞赛制度更有效地激励团队，组建竞赛团队、完成竞赛分组是第一要务。

分组有很多可选方式，培训师在给企业员工提供培训服务时也需要为其进行分组，与团队竞赛分组类似。

第一种分组方式：自然分组。

按实际销售团队的人数进行平均分组，每组最少3个人，一个组长（经理或主管），2个组员。团队数量至少为3组，这样更容易确保竞赛效果良好。

比如，某销售团队共12个人，可以分成3个小组，每组4个人。

自然分组最重要的是平衡，即各小组成员的整体能力要差不多，否则竞赛会不太公平。平衡是需要总负责人进行把握的，很难做到绝对的平衡和绝对的公正，只能尽可能地达到平衡。一旦出现异议，负责制定竞赛规则的人要力排众议。

自然分组比较适合客户在同一个区域、销售模式差不多、产品单一的企业，比如银行、保险、证券等金融类企业，尤其适合电话销售团队。

第二种分组方式：区域分组。

有些企业本来就有明确、稳定的团队，比如按照华东、华南、华北等区域设置的区域团队。在这种情况下，直接以区域团队为竞赛主体进行团队竞赛即可。

第三种分组方式：产品分组。

除了根据区域设置区域团队，很多企业会根据自己的主营业务（销售的主要产品）设置销售团队。

比如，某环保企业按产品设置销售团队，销售一部负责有机废气处理、销售二部负责污水处理、销售三部负责危废垃圾处理等。

在这种情况下，直接以产品团队为竞赛主体进行团队竞赛即可。

第四种分组方式：行业分组。

部分企业会根据服务行业的不同设置销售团队。

比如，某特殊材料制品企业，主营替代塑料的原材料，可以用于医疗、环保、食品等不同行业，他们将销售团队设置为医疗销售团队、环保销售团队、食品销售团队，且与对应的生产车间挂钩。

在这种情况下，以行业团队为竞赛主体进行团队竞赛即可。

2. 推选组长

以实际工作中明确、稳定的团队为竞赛主体时，原团队的销售管理者可以自然而然地担任团队竞赛活动中的组长。

若企业在实际工作中只有一个大型销售团队,没有分成若干销售小团队,组织团队竞赛时需要在完成竞赛分组后推选组长。

团队竞赛活动中的小组组长很重要,相当于日常工作中的销售管理者,关系到目标的实现程度。那么,选什么样的人当组长最合适呢?

接下来介绍销售管理者必备的素质,对团队竞赛活动中的小组组长来说,这些素质也是必备的。

第一,有领导力。

领导力是一个抽象名词,是对带领下属实现组织目标的各种能力的统称。

领导力包括做事的能力、指挥的能力、沟通的能力、演讲的能力、处理突发事件的能力、控制情绪的能力、协调的能力、谈判的能力、决策的能力、学习的能力等,不同层级的管理者,各项能力的需求程度不同。

有些人的领导力是天生的,有些人的领导力是后天培养的。不管怎样获得领导力,领导力是成为管理者必备的。

第二,有威信。

有些人虽然不是领导,但是会被很多人尊重、服从,这样的人是有威信的人。树立威信也是一种难得的能力,我们会在后文中详细介绍树立威信的方法,此处不再赘述。

第三,有专业能力。

专业能力包括融会贯通业务知识的能力和谈单能力。

优秀销售的专业能力不会差,想当好他们的管理者,必须有过硬的专业能力，否则很难服众（哪怕只是一个团队竞赛活动中的小组组长，都要有过硬的实力）。

第四，有沟通力。

沟通力是统率团队的基本能力，如果沟通力不足，很难做好上传下达工作、协调工作。

第五，最好是企业的资深员工。

资深不是说年纪要大，而是说在企业内工作的年限要长，因为这意味着对企业熟悉、对行业熟悉、对客户也熟悉，这样才能更好地帮助团队、协助下属实现业绩目标。

推选出组长后，组员的配备也是一门学问，越资深的企业员工，在配备组员方面越有优势。

3. 明确规则

任何竞赛都要设定竞赛规则，团队竞赛同样如此。竞赛规则包括目标、时限、奖惩标准等。

第一步：明确目标。

竞赛规则中，目标是最关键的。可以将企业的总目标分解给各参与竞赛的团队，也可以单独设定有一定挑战性的冲刺目标。

如果竞赛分组时的依据是区域、产品、行业，各组的业绩完成情况不一样，怎么办呢？可以按比例设定不同的目标。

比如，总月度业绩目标为2000万元，销售一部（竞赛小组一）人数较多，能力较强，分配40%，即800万元；销售二部（竞赛小组二）分配30%，即600万元；销售三部（竞赛小组三）分配30%，即600万元。竞赛结束后，根据达标比例为各销售部门（竞赛小组）排名。

目标的设定我会在本书的第4章"目标管理"中详细介绍，此处不再赘述。

第二步：明确时限。

竞赛时限，可以根据企业销售产品的平均用时设定。比如，有些企业以大客户销售为主，一次合作跨时数月，可以按季度设置竞赛，每季度末公布排名。再如，有些企业以快消品销售为主，可以按月设置竞赛，每月末公布竞赛龙虎榜。

不建议将竞赛时限设定为半年，甚至一年，因为战线拉得越长，参与竞赛的人员越没有紧迫感，容易懈怠。

第三步：明确奖惩标准。

奖惩标准是参与竞赛的人员最关心的内容之一：奖励金额是多少？惩罚是否严格？

前文讲过，动机通常分两类，一类是追求快乐，另一类是逃避痛苦。这里，奖励能够为参与竞赛者提供快乐，而惩罚给参与竞赛者带去的是痛苦。建议企业按竞赛团队设置奖励及惩罚，可以适度加设个人奖惩项。需要注意的是，必须有奖有罚才能获得刺激竞争的效果。

如果竞赛团队比较多，建议分设一、二、三等奖，奖与奖之间有一定的差距（一等奖大幅高于二等奖、三等奖）。比如，设置一等奖为10000元、二等奖为3000元、三等奖为1000元，这样做是符合销售的成交规则的——只有第一名是大获全胜的。

关于惩罚，不建议罚钱，因为容易让相关员工产生抵触情绪。建议完善体罚机制，比如，获得最后一名的团队为获得第一名的团队打扫办公室卫生一个月；再如，获得最后一名的团队集体做100个俯卧撑。只要有惩罚，大家就会为了避免接受惩罚而努力竞争，因为无论惩罚是什么，都很丢脸。

注意，无论奖惩标准是什么，竞赛结束后必须兑现！否则，下次组织类似的竞赛时，参与竞赛者很可能不予重视、不当回事。

4. 召开动员大会

通常，竞赛规则是在动员大会上明确的。讲完竞赛规则后，让各竞赛团队的组长上台签署军令状，并完成誓师仪式，大家的热情、激情会被充分调动。

如果有条件的话，可以请企业领导出席动员大会，领导讲完话，力争第一的冲动往往会达到顶点，参与竞赛的团队更有可能成为一个个狼性团队。

如果预算充足，还可以请培训机构的培训师在动员大会前（后）为参与竞赛的人员上一节潜能激发课。我经常受邀给销售企业的员工上潜能激发课，配合签署阶段性业务军令状，效果极佳。

5. 做好过程监督

很多企业管理者会在开完动员大会后泄劲，觉得员工会自然而然地去努力，等竞赛结果出来后再组织表彰大会即可，其实这样做是不对的。在本书的第 4 章"目标管理"中，我会详细讲述过程管理的相关内容，如果不关注过程，被动地等竞赛结果出来后再表彰、激励，往往会削弱竞赛活动的效果。

建议企业在各考核节点，比如月末、季度末，高度关注各竞赛团队的目标实现情况。如果目标实现情况不理想，要及时找组长了解落后原因，并协助其制订赶超其他团队的计划。

6. 组织表彰大会

表彰大会一般在竞赛结束后召开，主要内容是兑现承诺——为表现优秀的团队兑现奖励承诺，并根据规则给成绩落后的团队以惩罚。

建议先实施惩罚，再兑现奖励，先苦后甜，不要影响大家后续的工作情绪。

既然名为表彰大会，重头戏肯定是对优胜团队进行的表彰和奖励，建议企业为优胜团队颁发一个金灿灿的奖杯，上面印有"×× 企业 ×× 年 ×× 活动优胜团队"字样，并撰写文章公开发表在企业官网、企业官方微信公众号上，利用互联网放大荣誉价值。

利用表彰大会，一方面肯定优胜团队的成绩，另一方面激励其他团队以优胜团队为榜样，有利于在企业内部形成你追我赶的良好局面。

在表彰大会的最后，可以趁热打铁地进行下一期团队竞赛的动员。

3.3 绩效管理：
有奖有罚，超额完成任务

3.3.1 绩效

绩效是组织中个人或团队在特定时间内的可描述的工作行为和可衡量的工作结果，包括个人绩效和组织绩效。

从字面上看，绩效是"绩"与"效"的组合。

"绩"，即业绩，体现企业的利润目标，包括两部分：目标管理、职责要求。

"效"，即效率、效果、效能，是一种行为，体现的是企业的管理成熟度。

绩效管理是企业管理者以实现目标为导向，通过制定奖励和惩罚制度激励员工取得优异成果，从而实现组织目标的管理方法。

从过程角度讲，绩效管理旨在通过激发员工的工作热情，提高员工的工作能力和素质，达到改善企业绩效的效果。

绩效管理不仅关注结果，还关注过程和员工的成长，是持续循环的，包括绩效计划制订、绩效辅导沟通、绩效考核评价、绩效目标优化等环节。

销售团队的绩效管理是激励销售团队、实现销售目标的有效手段之一，因为销售是用业绩说话的，所以销售部门是最需要实施绩效管理的部门。

3.3.2 绩效管理

既然绩效管理对销售团队来说非常重要，那么，销售团队的绩效管理应该如何实施呢？

1. 确定目标

销售管理者在准备实施绩效管理时，首先要确定团队的业绩目标，包括目标的清晰和目标的统一——有了清晰、统一的目标，才能制定相关考核制度、确定优秀/落后的标准、公平公正地对优秀者进行奖励并对落后者进行惩罚。

年度目标的确定技巧

从企业管理者的角度看，业绩目标定得越高越好。

从销售管理者的角度看，一方面要听从企业管理者的统一指挥，另一方面要综合考虑自己和下属的实际利益，通常不太愿意把业绩目标定得太高。

由此产生的矛盾在销售企业中是极其常见的。

那么，如何化解这一矛盾呢？确定年度目标的时候，可以先确定一个保底目标，再确定一个冲刺目标。

比如，某企业上一年度的销售业绩为2.5亿元，新的一年，企业管理者可能会希望将业绩目标定为3亿元，而销售管理者通常会争取将业绩目标定为2.6亿元或2.7亿元。

在这样的情况下，可以先定一个保底目标为2.7亿元，再定一个冲刺目标为3亿元。若实现保底目标，绩效考核按100%结算；如果实现冲刺目标，绩效考核按150%结算。在保底目标和冲刺目标之间，可以按比例增加奖励。

这样确定目标，既能调和企业管理者和销售管理者之间关于目标金额的矛盾，又能激励销售团队挑战更高的目标。

目标确定后，要在团队内达成一致，即保证企业管理者、销售管理者、一线销售都没有异议。这是对目标一致性原则的遵循。

如果企业管理者和销售管理者定好了目标，但一线销售普遍认为这个目标过高，消极怠工，目标就失去了存在的意义。

因此，确定目标是一门艺术，在本书的第 4 章"目标管理"中，我们会继续详细讲解相关内容。

2. 调查绩效现状

确定了目标，并在团队内达成一致后，就要去调查前一年的绩效考核制度是否仍然适用、能否对当前销售团队起激励作用了。如果前一年的绩效考核制度仍然适用，可以沿用；如果不再适用，就要进行改革，或重新制定。

调查绩效现状可以通过问卷调查和访谈两种方式实现。

问卷调查可以匿名实施，避免员工因为怕得罪人而不讲真话。

访谈可以分为逐一访谈和群体访谈。逐一访谈可以继续分为一对一访谈和多对一访谈，即由一位或多位销售管理者找销售单独谈话，询问对过去的绩效考核制度是否满意、有哪些反馈意见等。群体访谈，即将销售团队集合起来开会，询问大家对绩效考核制度的满意度及意见。

调查结束后，筛去无效问卷，对有效信息进行分析，即可根据大家的反馈意见进行绩效考核制度的制定或调整。

3. 制定 / 调整绩效考核制度

绩效考核制度一般分为两个层面进行制定或调整，一个是业绩层面，另一个是日常表现层面。销售团队的绩效考核以业绩为重，因此，较为客观的业绩层面的分数占比高达 70%，较为主观的日常表现层面的分数占比为30%。

在业绩层面，不仅要考核业绩目标的达标情况，还要考核拜访客户的数量、新客户增长率、老客户流失率、新市场开拓情况、客户投诉的数量、举荐新销售的数量、带徒弟的数量等。

在业绩层面内部，可以继续细化考核项的权重。比如，拜访客户的数量与业绩目标的实现正相关，非常重要，可占比50%，甚至更高，新客户增长率可占比10%、老客户流失率可占比10%、新市场开拓率可占比10%、客户投诉的数量可占比10%、举荐新销售的数量可占比5%、带徒弟的数量可占比5%。

在日常表现层面，考核项包括平时工作的积极性、出勤率、为企业出谋划策的频率、参与培训的频率、日报/周报的完成率等。因为对日常表现的考核受主观影响大，所以可以尝试进行360°考核——不仅由销售管理者打分，还要邀请销售团队内的同事、相关部门的领导与同事、关系密切的客户等辅助打分，以便得到相对公正的分数。

4. 与薪酬挂钩

绩效考核与业绩提成无关，但可以与薪酬挂钩。

举个例子，某企业的销售底薪制度为三级定薪：一级销售8000元/月、二级销售6000元/月、三级销售4000元/月。除了底薪，该企业销售无论级别，都有3000元/月的绩效奖励，实际发放以绩效分数为依据：业绩考核分数加日常表现考核分数达到100分者，按3000元/月发放；绩效分数为80分者，按2400元/月发放，以此类推，绩效分数越低，绩效奖励越少。此外，如果销售超额完成了任务，可以不设上限地按比例发放奖金：绩效分数达到 120 分者，可获得 3000×1.2=3600（元）的绩效奖励。

5. 绩效评估与改进

初步确定绩效考核标准后，可以设定一个测试周期，比如以一个季度为测试周期，一个季度后，对绩效考核的各项指标的打分情况进行评估，及时调整考核比例，甚至增减考核项。

建议企业成立绩效考核制度制定和评估委员会，由委员会负责绩效考核制度的制定和调整，适时优化绩效考核制度，使之始终满足企业发展的需求。

不过，需要强调的是，绩效考核制度最好不要经常变化，测试结束后确定下来的绩效考核制度应至少实施满一年再进行二次评估，3～5 年完成一次更新、调整即可。

3.3.3 绩效考核

销售部门的绩效考核比较特殊，根据考核对象的职级、工作重点的不同，考核的指标和绩效奖金可以灵活调整。

比如，对既带团队，又有个人销售任务的销售经理来说，团队业绩达标率和个人业绩达标率需要同时作为绩效考核依据纳入评分系统。

再如，对主带团队（没有个人销售任务）的销售经理来说，团队业绩达标情况是唯一考核项，可对该考核项进行内部细分。

又如，对虽然属于销售部门，但主要工作为行政辅助工作的销售内勤来说，可以有针对性地调整考核依据，一方面考核所服务销售团队的业绩达标率，另一方面提高日常表现层面的分数占比至50%左右。

总之，销售部门的绩效考核制度合理与否对整个企业的运营来说是至关重要的，企业管理者要认真对待，合理制定绩效考核的规则和各考核项的权重，充分听取销售和销售管理者的意见。如果测试绩效考核制度时发现大家的怨言非常多，应及时进行调整与改进，直至达到平衡。

3.4 赏识管理：无成本的激励方法

3.4.1 赏识管理

心理学史上的重量级人物弗洛伊德有一句名言：每个人都有渴求别人赞扬的心理期望，人被肯定其价值时，总是喜不自胜的。

在培训中与销售管理者交流时，我常问 3 个问题。

问题一："你严厉地批评过下属吗？"

绝大多数负责任的销售管理者有严厉地批评下属的经历，且他们普遍反映，再严厉地批评，效果也不是很好。

问题二："你认为下属做得好是应该的吗？"

很多销售管理者认为，企业给员工发工资，员工理应把工作做好，毕竟自己也是这么做的。

话虽如此，但如果作为销售管理者，对下属的辛苦付出视而不见，认为一切都是理所当然的，很可能会慢慢地失去下属的信任和亲近。换一种方式对待下属的付出，及时给予认可，或许能为下属提供更多的投入下一项工作的动力。

问题三："在你眼里，什么样的下属是优秀的下属？"

有些销售管理者说："正所谓'不管是黑猫还是白猫，抓到老鼠就是好猫'，我只看结果！业绩突出的下属，就是优秀的下属！"

销售工作的确以业绩为重，但很多还没有取得突出成绩的、资历尚浅的销售，是不是也有值得称道、值得被关注和挖掘的优点和特长呢？

带着以上 3 个问题，我们来聊聊赏识管理。

赏识管理是管理者用夸赞、认可、欣赏等行为鼓励下属，激发下属的工作热情，以实现、超越既定目标的管理手段。

3.4.2 赏识管理的优势

在销售团队中实施赏识管理至少有以下 6 点好处。

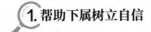

1. 帮助下属树立自信

头上的蝴蝶结

珍妮是一个总爱低着头的女孩，她一直觉得自己长得不够漂亮。

第3章 激励管理：如何激发销售团队的狼性

有一天，珍妮在饰品店买了一只她一直想拥有的粉色的蝴蝶结，店主不断地赞扬她："小姑娘，你戴着这个蝴蝶结真漂亮啊！"

珍妮听了这句赞扬非常高兴，她高高地昂起了头，展示着自己的漂亮的蝴蝶结。由于急着让大家看到自己漂亮的模样，走出店门时，珍妮一不小心与进店的客人撞了一下。鞠躬道歉后，珍妮急匆匆地向学校跑去。

珍妮走进教室时，迎面遇到了她的老师。"珍妮，你这样真漂亮！"老师轻轻地拍了拍珍妮的肩，说。

珍妮听了，更高兴了，一边道谢，一边晃动着头上的蝴蝶结。

每个课间，珍妮都高高地昂起头，在走廊里走来走去，展示自己头上漂亮的蝴蝶结。"哇！珍妮，今天的你好漂亮啊！"这一天，珍妮得到了很多人的赞扬。

放学后，珍妮开开心心地回了家，心想："可爱的蝴蝶结啊，你给我带来了美丽，我真是太喜欢你了！"

一到家，珍妮就跑向镜子，准备再认真地看看漂亮的自己。

然而，站在穿衣镜前，珍妮吃了一惊：头上的蝴蝶结到哪去了？

珍妮慌张地回忆了起来，回忆很快定格在她走出饰品店的那一刻：她撞到了别人，鞠躬道了歉。蝴蝶结很可能在她鞠躬的时候滑落了。

珍妮恍然大悟，原来，今天她能获得诸多赞扬不是因为蝴蝶结，而是因为她昂起了头，展现了从前很少展现的自信！

珍妮的故事说明人会因为赞扬而自信（饰品店店主给了第一句赞扬），因为自信而漂亮。

如果作为销售管理者不善于进行赏识管理，经常在会议上批评下属，下属很容易不自信，而越不自信，越可能在进行抉择的时候犹豫不决，导致错失机会、业绩下滑。受到批评——缺乏自信——犹豫不决——业绩下滑——受到批评……这是一个恶性循环，如图3-3所示。陷入这个恶性循环后，严重时，状态不佳的员工甚至会辞职离开。

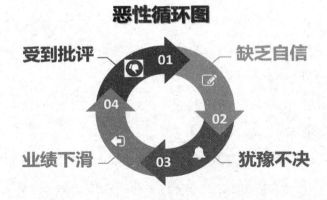

图3-3 批评的恶性循环图

如果销售管理者善于进行赏识管理会怎样呢？下属被表扬后自信满满，行动力提高，谈成合作、实现业绩目标的概率同步提高，更可能不断地得到表扬。得到表扬——充满自信——马上行动——实现目标——得到表扬……这是一个良性循环，如图3-4所示。进入这个良性循环后，说不定新的销售冠军会慢慢崭露头角。

图 3-4 赏识的良性循环图

2. 推动下属积极工作

给予赞扬,让下属产生不想辜负领导的赏识的心态,主动、自发地努力工作,提高内驱力,整个团队拧成一股绳,协力上进,这不正是很多销售管理者梦寐以求的管理状态吗?

3. 打造正能量团队

作为销售管理者,经常赞扬下属,让下属心情愉悦地工作,并相互影响,久而久之,能打造出正能量满满的积极向上的销售团队。

4. 优化下属与客户的关系

快乐的情绪不仅能在销售团队内部、企业内部传递,还能在更大的合作范围内传递。作为销售管理者，如果善于进行赏识管理，愿意不断地赞扬下属，下属内心充满喜悦、快乐，更可能好好地服务客户，不断优化与客户的合作关系。

现在，企业之间的竞争已经历经价格竞争、产品竞争、服务竞争，提高到更高维度的竞争了，即快乐竞争。

全球畅销书《快乐竞争力：赢得优势的7个积极心理学法则》的作者、著名心理学家肖恩·埃科尔认为："先有快乐，再有成功，快乐是最强的生产力与竞争力。"

企业的员工能够感受到快乐、幸福，才会将更多的精力和创造力带给企业、带进工作，并把快乐、幸福传递给客户。赏识管理，就是能够让员工感受到快乐、幸福的管理。

5. 优化下属与管理者的关系

善于赞扬下属的管理者，通常是会受到下属喜爱的、亲和力较强的管理者。对于这样的管理者，下属也会以诚相待。

6. 激发团队潜能与活力

赏识管理的主要目的是激发团队的潜能与活力。因为只需要进行行为上的改变，不需要增加成本，所以赏识管理是性价比最高的管理方法之一。

为了更好地帮助大家理解赏识管理并将其运用在管理实践中，接下来，我对"赏识"二字进行拆分，透彻地解释"赏"与"识"。

3.4.3 如何"赏"

什么是"赏"?"赏"的本意是认识到人的才能和价值并给予重视,同义词有褒扬、赞赏、欣赏。

1. ABC 法则

想要做好"赏",仅在看到下属的优秀后出言赞扬是不够的,作为销售管理者,可以尝试理解并践行 ABC 法则。

什么是 ABC 法则?

假设你是销售管理者,你的销售团队里有一位入职不满 3 个月的销售,我们称其为小董。虽然小董工作很努力,但业绩始终差强人意,你打算找小董谈话,给他推荐一位学习对象。你的销售团队里有 3 个学习对象候选人,分别是 A、B、C,这 3 个候选人的基本情况如下。

A 是企业内毫无争议的销售冠军,每年年会都会上台接受表彰。

B 是企业内的优秀销售,虽然达不到销售冠军的程度,但业绩始终保持在团队前列。

C 是企业内的合格销售,每月的业绩考核都达标,但很少超额完成任务。

你会倾向于将 A、B、C 这 3 个人中的哪个人推荐给小董作为学习对象呢?

选择 A,原因可能是要学习就要向最好的学习对象学习。

选择 B,原因可能是不要好高骛远,以免在学习、对比的过程中越来越不自信，找一个水平适中的学习对象更稳妥。

选择 C，原因可能是先合格，再优秀，一步步来。

无论选择谁，都有说得过去的道理。

那么，我们完善一下 A、B、C 的背景，再看应该将谁推荐给小董作为学习对象。

A 之所以能成为销售冠军，除了特别努力、勤奋，还有一个重要的原因：A 是已经工作了 10 年的资深员工，长期、稳定合作的客户就能为他提供 50% 的业绩。

B 达不到销售冠军的程度，是因为他的工作年限是 A 的一半——5 年，积攒的长期、稳定合作的客户没有那么多。仅论新客户的数量，B 和 A 不相上下。

C 呢？情况类似，他才工作了 3 年，还没有什么长期、稳定合作的客户呢，只是做到考核达标就已经很好了。

了解这些情况后，你还会纠结于推荐人选吗？对小董来说，不管是向 A、向 B，还是向 C 学习，都不错，而对你来说，不应该将小董的业绩表现与 A、B、C 的业绩表现进行比较，正确的做法是将小董入职第三个月的业绩表现与其前两个月的业绩表现进行比较，只要是不断进步的，就应该给予赞扬。

由此可见，所谓"ABC 法则"，就是不要将某员工与其他员工进行比较，只要该员工比过去的他自己好，就值得被赞扬。

2. 实现"四化"

除了尝试理解并践行 ABC 法则，想做好"赏"，还要实现"四化"。

第一，及时化。

及时化的意思是发现值得赞扬的人或事时，要及时赞扬。比如，每天早上上班时了解一下下属前一天的工作成果，值得赞扬便立刻给予赞扬，说不定这种简单的赞扬能让下属开心一整天、工作动力十足。

第二，具体化。

无论是赞扬人还是事，都要具体化。

举个例子，业务员小王非常细心，在给客户发销售合同前总会多审核一遍，某次真的发现合同里的报价少写了一个零，立刻修改，避免了企业的损失，企业管理者知道后立刻在微信工作群里@全员，简单叙述这件事情并赞扬了小王的细心。如此一来，后续承担与签署合同相关的工作的员工，大概都会更细心一些。

第三，当众化。

想批评下属，最好私下批评，而想赞扬下属，最好当众赞扬——关起门来赞扬，别人都不知道，就无法最大化地满足被赞扬者的精神需求，赞扬效果会降低至少50%。

第四，榜样化。

无论赞扬谁，都可以号召大家向被赞扬者学习，将被赞扬者榜样化。发现以往表现不太好的员工某一点做得非常出色时，建议管理者不仅要立刻给予赞扬，还要在开会时号召全体员工向他学习，这样一来，这个以往表现不太好的员工说不定会以"榜样"的标准来时刻要求自己，越来越优秀。

这是心理学中的暗示技巧，学校里，很多资深教师会用这样的方法潜移默化地影响调皮的学生。

一双拖鞋

把聋哑女儿培养进哈佛大学的知名亲子教育专家、赏识教育的推行者周弘老师讲过一个他自己的故事。

有一次，周老师去一个调皮的孩子家进行家访。周老师本来是想向家长告状的，因为这个孩子在学校里实在是太调皮了，他希望家长能够与他配合教育这个孩子，但是到了这个孩子家后，周老师改变了主意。

被家访的孩子知道周老师是来告状的，格外老实，一开门就乖乖地给周老师递了一双拖鞋，眼神怯生生的，似乎在向周老师发送求饶信号。周老师一看，这个孩子其实挺懂事的，便临时改变了沟通方式，在孩子的父母和爷爷、奶奶面前真诚地赞扬孩子聪明、伶俐，并针对他给老师拿拖鞋这件体现尊师重道的事进行了特别地赞扬。不仅如此，在第二天的课堂上，周老师还当着全班学生的面赞扬了这个孩子在家的安静、礼貌、举止得体，号召大家向他学习。

对此，这个孩子感到非常意外。感动于周老师的维护与赞扬，他真的开始努力用周老师说的"安静、礼貌、举止得体"来要求自己，逐渐转变为一个品学兼优的学生。

由此可见，暗示技巧的影响力极大。在销售团队中，遇到不服管教的员工，销售管理者也可以尝试使用这一技巧。

关于"赏"，还有一点需要强调，即赞扬 A 员工时，千万不要同时批评 B 员工，甚至用与 A 员工进行对比的方法批评 B 员工，因为这样做很可能导致员工之间出现不必要的矛盾。

3.4.4 如何"识"

所谓"识"，指的是识别人才并委以重任。

大家都知道"千里马常有，伯乐不常有"这句俗语，其实，伯乐相的不仅是千里马。有些马耐力好，适合拉大车；有些马爆发力强，适合训练为坐骑；有些马品种好、基因好，适合用于配种……这些，都是相马者需要相出来的。

华为集团董事、首席执行官任正非曾说，世界上没有"庸才"，只有放错地方的人才。作为销售管理者，需要具备如伯乐般的慧眼，善于识别人才，因才适用，做到人尽其才。

1. 在企业内部识人：将人才放在合适的位置上

在本书的第 1 章"人才管理"中，我们介绍过，销售团队中常见 4 类人，分别为能力强但意愿弱的"人睬"；能力强，意愿也强的"人财"；能力弱但意愿强的"人材"；能力弱，意愿也弱的"人裁"。对于这 4 类人，销售管理者必须给予正确的识别，以及妥当的对待与安排。

第一，识别"人睬"。找出能力强但意愿弱的下属，给予激励与重用。

第二，识别"人财"。找出能力强，意愿也强，能够给企业创造效益的下属，合理授权，让其独立负责重要工作。

第三，识别"人材"。找出能力弱但意愿强的下属，帮助他们提高能力，努力将他们培养成才，成为提高团队业绩的后备军。

第四，识别"人裁"。找出能力弱，意愿也弱的下属，尽早联系人力资源部门安排他们转岗或离职，以免影响团队工作状态、氛围。

对这4类人而言，需要重点关注的是"人睬"和"人财"，如果不给予妥当的激励和重用，"人财"可能变成本企业的"人睬"、"人睬"可能变成竞争对手企业的"人财"。

除了可以根据行事作风给员工安排合适的岗位，还可以根据员工的性格调整他们在企业内的岗位。

比如，与人正常交流都会有极大压力的人、性格内向的人、处事胆怯的人是很难做好销售的，更适合被协调到其他岗位，否则就是给他再多的时间与机会，也很难收到回报；做事雷厉风行的人、性格外向的人、处事果断的人才适合销售岗位，值得重点培养。

2. 在企业外部识人：适时招募不期而遇的人才

很多企业的顶级销售不是招聘来的，而是从其他企业招揽来的。所谓"其他企业"，有同行业的竞争企业，也有"异业企业"（和本企业的主营产品不同，但目标客户相同的企业为"异业企业"）。

比如，经常在某客户工作地周围遇到同一位销售，这位销售不是就职于同行业的竞争企业，就是就职于异业企业，在确认该销售非常勤奋、努力的情况下，可以尝试与其建立联系，寻找恰当的时机进行招揽。

作为销售管理者，只要有这份心，是不愁自己的销售团队中没有可用的人才的。

隔壁包间的女孩子

有一次，我与请我提供咨询服务的企业的董事长在咖啡馆谈新门店的销售团队建设工作。我们正在发愁销售人员的招聘问题时，隔壁包间几个女孩子的说话声传了进来，我仔细一听，她们正在抱怨她们的上司如何不公平——对和自己有亲戚关系的员工和招聘来的员工的态度完全不同，给予的待遇也差距巨大。言谈间，她们无意中透露了自己的工作内容和打算，我获知她们目前就职的企业和我正在提供咨询服务的这家企业的性质类似，而她们正准备集体辞职。这简直是天降的好机会，我立刻决定就地招聘。

敲门进入隔壁包间，我一看，哇，全是形象好、气质佳的女孩子！说明来意后，我建议她们派代表去我们的包间与企业董事长面谈，她们欣然采纳了我的建议。

结果皆大欢喜，她们当场获得了我正在提供咨询服务的这家企业的录用通知，企业的销售人员招聘问题得以解决。

这个案例说明人才就在"身边"，只看管理者有没有识别意识！

3.5 授权管理：合理授权，事半功倍

3.5.1 授权管理的意义

在企业中，授权既是一种管理策略——将决策权和执行责任从高层管理者身上转移到中层管理者身上或者一线员工身上，实现分层分级管理；又是一种激励措施——管理者将重要的工作授权给下属，代表着对下属的绝对信任，进而产生激励效果。

在某种意义上，权力下放才能真正地提高工作效率。对庞大的企业来说，如果权力过于集中在中高层，任务很难快速下达，执行力很难显著提高。

华为集团董事、首席执行官任正非曾强调："让听得见炮声的人来呼唤炮火。"他要求"班长"在最前线发挥主导作用，让最了解市

场形势的人来指挥生产，提高反应速度，抓住机会，取得成果。

授权管理，要求企业管理者在正确把握战略方向的基础上将大部分权力下放，尤其是决策权和行动权。

3.5.2 授权管理的好处

对管理者来说，合理授权有很多好处，至少包括以下 3 点。

1. 提高管理效率

合理授权可以减少管理者的决策负担，使管理者能够专注于战略规划和关键问题。很多负责任的管理者会因为担心下属做不好而把重要工作扛在自己肩上，殊不知这样做会导致管理效率低下。如果能挑选一些合适的工作向下授权，将自己的时间与精力投入回报率更高的工作，这些负责任的管理者往往能创造更大的效益。

2. 激发团队的工作热情

当员工感到自己被赋予了更多的自主权和责任时，会投入更多的精力和热情在工作上。此外，如果管理者能够直接根据下属的想法进行授权，下属往往会感动于领导采纳自己的建议，更加热情地推动工作，在这种情况下，即便下属在执行的过程中遇到了困难，也会因不愿意辜负领导的信任而努力解决问题，不轻言放弃。

3. 帮助下属提高独立思考能力

授权管理能为下属提供提高独立思考能力的机会，让他们不极度依赖领导，此举有助于培养管理后备军。

为什么很多销售管理者在基层管理岗一干数十年？有时不是因为他们不够优秀，无法晋升，而是因为基层管理岗离不开他们，换句话说，是因为他们不会授权，迟迟培养不出能接班的下属，导致自己也没有晋升的机会。

3.5.3 授权管理全流程

既然授权管理有这么多好处，那么，授权管理的具体流程是怎样的呢？

1. 明确目标

在给下属布置任务的时候，明确告诉下属目标是什么，以及评价标准，比如业绩达到多少算达标、达到多少算优秀、低于多少为不合格。明确了目标，下属才知道应该如何努力。

2. 制订计划

制订计划的重点是明确任务完成过程中的时间节点及对应的负责人，即应该在什么时间实现什么阶段性目标、到什么程度算项目完成，以及各阶段工作的负责人、责任人是谁。制订清晰的计划不仅有助于下属明确工作流程，还有助于管理者把控工作进度。

3. 给予权利支持

给予权利支持是授权管理的关键。如果不给权力支持，不能叫授权，只能叫安排工作。

4. 过程激励

如果下属在工作过程中获得了亮眼的成绩，管理者要立刻给予赞扬，而且是公开赞扬；如果出现了问题，问题不大时，建议管理者不要立刻干预，让下属尝试自己解决问题，以此锻炼下属的解决问题的能力，在下属实在无法解决相关问题，可能会造成事关全局的不良影响时，管理者再及时出面指导、帮助下属。

5. 听取汇报

所谓"听取汇报"，不仅指听取最终汇报，还包括听取过程汇报。管理者必须要求被授权的下属及时汇报阶段性成果，尤其是对长期工作而言，过程中取得了哪些成绩、遇到了哪些问题等，都是管理者需要知晓的。

如果被授权的下属保质保量地完成了工作，甚至超预期地完成了工作，管理者应该及时给予奖励。

如果被授权的下属没有在规定时间内完成工作，管理者应该组织相关人员一起开复盘会，找出问题，总结教训，以免下次再犯同样的错误。

如果被授权的下属没有在规定时间内完成工作是因为受市场环境或其他不可控因素影响，管理者可以继续择机授权、尝试培养；如果被授权的下属的失败与市场环境或其他不可控因素无关，完全是个人能力不足导致的，管理者应该及时转移目光，寻找更合适的培养对象。

3.5.4　授权管理的要点

授权管理有3种常见方法：第一种，由上向下授权，是典型的纵向授权，也是最常见的授权管理方法；第二种，向同事或合作伙伴授权，即横向授权；第三种，由下向上授权，是非典型的纵向授权。

第一种授权和第二种授权比较常见，第三种授权的表现大多为下属在能力有限、无法完成某项工作时向领导求助，甚至将工作委托给领导完成。在工作特别重要，或者涉及的合作对象职级比较高，只能由对应职级的管理者与之沟通的情况下，出现第三种授权是合理的。如果本来是由上向下授权，但被授权者觉得自己无法完成相关工作，执意将工作交还给领导，这种情况被称为"反授权"。

> **电梯间的偶遇**
>
> 销售总监汪总从自己的办公室出来，向电梯间走去，迎面碰到销售一部的张经理。张经理看到汪总，赶紧打招呼道："汪总，

您要出去啊?"

汪总点点头道:"对呀,我去趟工厂。"

两人点头道别后,汪总突然想起来一件事,转身叫住张经理道:"对了,张经理,上次我让你跟进与合肥梁总的合作,现在情况怎么样了?"

张经理回头讪笑道:"哎呀,汪总,您不问的话,我差点忘记这件事。今天本来要向您汇报的,您跟我说了梁总的情况后,我第二天就去拜访她了,但她很明确地对我说,必须您亲自去谈,她才跟我们合作,您不去就是不给她面子……"

汪总听完,哈哈一笑道:"梁总真是的,就认我这个老同学,一般人还真拿她没办法。这样吧,你帮我订一张去合肥的机票,我下周三过去。"

以上是销售工作中常见的一幕——领导工作繁忙,把自己对接的合作方转交给下属去跟进,但下属跟进失败,领导只好重新自己跟进。

此情此景,好比领导养了很多只猴子,养不过来了,便尝试把其中的一只猴子交给下属养,但下属经验不足,养着养着,眼看着猴子就要养不活了,只能求助于领导,让领导把猴子收回去自己养。这是著名的"猴子管理法则",如图3-5所示。

图 3-5 猴子管理法则

在猴子管理法则中,每个人负责的工作都被比作猴子,一份工作对应一只猴子,无论是管理者还是执行者,每个人身上都或多或少地爬满了猴子——能力强的人身上的猴子多,能力弱的人身上的猴子少,猴子多的人收入通常会高一些。作为管理者,任务艰巨,养的一般是大猴子,或者难伺候的猴子。管理者把自己身上的小猴子交给身上的猴子比较少的下属去养,这个动作就是授权。若下属接不住、养不好,不得不把猴子还给管理者,这个动作就是反授权。

上述案例中,张经理做的事就是反授权。

如果作为管理者,不擅长授权,经常被下属反授权,那么,身上会爬满大大小小的猴子,忙得要命,而下属身上没几只猴子,轻松得很。在企业运营良好的情况下,没几只猴子的下属可以工作得很轻松,但因为养的猴子不多,且大多不难伺候,这样的下属往往缺乏锻炼,能力难有长进,一旦企业出现问题,需要裁员,这样的下属会成为被裁的主要对象。

走廊里的碰头会

张总是从一线销售做起的,历经区域经理、大区总监等岗位的磨炼,最后成为企业最年轻的总经理,主抓销售条线。

为了快速拓展业务,张总上任后的第一件事就是从竞争对手企业中"挖人"——他为自己较熟悉的各竞争对手企业中的人才列了一个名单,分配给与这些人才负责同一个区域的业务的销售经理们去接触。

这天,张总参加完一个企业高层会议,走出会议室后,正好在走廊里遇到了自己的一个下属:负责福建区域业务的销售经理小周。小周抬头看到了张总,赶紧主动问好:"张总好!"

张总微笑点头道:"小周,出差回来啦?"张总想起自己上周布置给小周的任务,接着问道,"小周,上周我让你去和那个想换工作的李总监聊一聊,你聊得怎么样?"

小周眉头一皱,回答道:"张总,不瞒您说,我昨天和她见面了,聊得还行,但人家可能觉得我的职级太低,对我爱答不理的。这样的行业大咖,可能需要您亲自去聊。"

张总沉吟了一下,说道:"我们进会议室聊一下吧。"

两人进入会议室坐下后,张总说:"小周,你觉得这位李总监对你爱答不理的原因是什么呢？除了刚刚说的职级问题。"

小周想了想，说："一开始，我们聊得挺愉快的，我没感觉到她看不起我。但后来她问起薪酬、待遇，我如实告之后，她就不太开心了，我想可能是对我们给的薪酬、待遇不太满意吧。"

张总继续问："还有其他原因吗？"

小周道："这位李总监是您的老乡，福州人，她问过咱们企业总部的所在地，可能觉得到咱们的总部来上班不方便。"

张总点了点头，继续问："你觉得还有其他原因吗？"

小周想了想，摇摇头："应该没有了。"

张总沉思片刻，说："我立刻给人力资源部打一个电话，给李总监提一级，让她担任区域总监，负责整个南部区域，办事处就设在福州。这样，薪资、待遇应该能让她满意，并且她不用经常来企业总部，每个月底来总部开个述职会就行。小周，你带着这些条件再去找她聊一次吧，这次应该能成功。"

小周点头道："好的，张总。接触了一次，我觉得这位李总监确实很厉害，您的眼光很好，我这就去办！"

在上述案例中，张总把猴子交给小周（授权小周去办事）后，小周经历了一次失败便想把猴子交还给张总（推卸工作），在猴子打算悄悄爬回张总身上时，优秀的张总通过了解问题背后的原因并给予一定的支持，把猴子留在了小周身上（依然让小周负责完成这一工作），这是一次很成功的"反反授权"。

由此可见，作为销售管理者，善于把猴子交给下属（善于进行授权管理）很重要，若下属养不活猴子（无法完成工作），怎么办呢？应该像张总一样，找到下属养不活猴子（无法完成工作）的根本原因，帮助下属解决问题，让下属能够继续养猴子（完成工作），而不是把猴子接回来养（接受下属推卸工作的行为）。

当然，如果这只猴子（工作）过于重要，确实需要管理者接手，管理者不能执意袖手旁观，以免错失重要资源，造成无法挽回的损失。

如图 3-6 所示，是一张员工分类对待图。这张员工分类对待图是根据第 1 章的图 1-3"人才矩阵图（情境领导模型）"完善出来的。在图 3-6 中，除了"人裁"是必须坚决辞退或要求其转岗的，其他 3 类员工都可以使用本章介绍的不同方法进行激励。

"人睬"能力强但意愿弱，销售管理者可以协助其寻找动机、设定目标。

"人财"能力强，意愿也强，销售管理者可以通过合理授权获得更好的激励效果。

"人材"意愿强但能力弱，销售管理者可以使用安排培训、分配师父带教等方法帮助其提高工作能力，助其尽快成为"人财"。

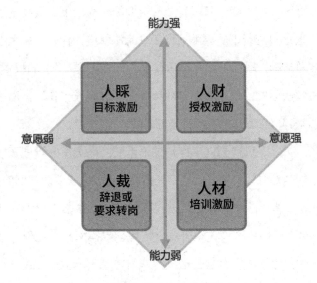

图 3-6 员工分类对待图

总的来说,激励方法既是销售管理者手里的工具,又是一线销售激发自己的潜能的手段与武器,使用好激励方法,实现业绩目标,甚至超额完成任务指日可待。

第 4 章

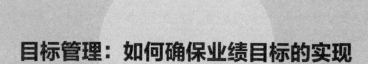

目标管理：如何确保业绩目标的实现

4.1 目标的设定：明确工作方向

4.1.1 目标的存在意义

管理学家斯蒂芬·P. 罗宾斯认为：团队是由两个或者两个以上的相互作用、相互依赖的个体为了实现预先设定的目标而按照一定规则结合在一起的组织。

从团队的定义中可以看出，如果没有一致的目标，再厉害的人组合在一起都不能称之为团队。

> **《爱丽丝梦游仙境》中的对白**
>
> 爱丽丝："请你告诉我，我该走哪条路？"
> 猫："那要看你想去哪里。"

> 爱丽丝:"去哪儿无所谓。"
>
> 猫:"那么,走哪条路也就无所谓了。"

销售不知道自己的目标是什么的时候,很容易懈怠;销售团队不知道自己的团队目标是什么的时候,很容易陷入一盘散沙的状态。

换句话说,不知道自己的目标是什么的时候,人是没有方向的,所有的努力会变得鲜有意义和价值。

那么,目标到底是什么呢?

搜索引擎上的词语解释是这样的:目标,是一个汉语词汇,意思是射击、攻击或寻求的对象,也指想要达到的境地或标准。

在企业管理中,目标就是员工努力的方向、想要获得的结果。

4.1.2 目标管理的概念

目标管理,简称 MBO(Management by Objectives),由美国管理学家德鲁克于 20 世纪 50 年代提出,被称为"管理中的管理"。

德鲁克详细介绍了目标管理的意义:目标管理是以目标的设置和分解、目标的实施及完成情况的检查、奖惩为手段,通过员工的自我管理实现企业的经营目的的一种管理方法。

在销售管理中,目标指业绩指标,而目标管理以能否确保目标按时实现为主要关注点。在这种情况下,销售管理者存在的意义是确保自己管理的团队完成或超额完成预先设定的业绩指标。

4.1.3 目标管理的作用

目标管理的主要目的是通过目标的设定调动广大员工的工作积极性，确保企业总目标的实现。目标管理的核心是明确、重视成果的评定，提倡个人能力的提高。目标管理的特征是以目标为各项管理活动的指南，并根据实现目标的成果来评定各主体的贡献大小。

具体来说，目标管理有以下几个作用。

1. 指明方向

地图

第一次世界大战时，一支德国军队在阿尔卑斯山内迷路了。当时，天下着大雪，军队缺衣少粮，如果不能尽快找到出山的路，大家可能会被困死在山里。

大家尝试了各种求助、寻路的方法，比如在较空旷的地方放信号弹、尝试朝着太阳升起的方向走，但是这些尝试都没有用，大雪把一切都遮盖了，根本找不到出山的路。

有一天，大家意外地发现了一个小木屋，所有人欣喜若狂地冲了进去。

虽然大雪封山，木屋里不可能有人居住，但也许能找到一些有用的线索呢？

第 4 章　目标管理：如何确保业绩目标的实现

> 好运果然降临了，大家在木屋里找到了一张地图，上面密密麻麻地标注了地形、路线。虽然地图上的标注文字是德国军队中没有人能看懂的拉丁文，但这张地图是大家最后的希望，大家按照地图的指引，一边猜测一边行进，居然真的幸运地走出了大山，辗转回到了德国。
>
> 该德国军队的指挥官一直保存着这张救命的地图。多年后，他将这张地图拿给一个能看懂拉丁文的朋友看，同时讲述了这件奇迹般的事。没想到他的朋友看了之后说："这根本不是阿尔卑斯山的地图，地图上画的是非洲的一座并不太知名的山，大概是哪个探险者遗失在阿尔卑斯山上的小木屋里的。"
>
> 该德国军队的指挥官这才知道，多年前，他们是靠着一张谁也看不懂的非洲某座山的地图走出了阿尔卑斯山。

这个故事说明了什么？为什么错误的地图可以起到指路的作用？走出阿尔卑斯山，是这张地图的功劳，还是当时大家发现地图后心态得以转变的功劳？

其实，故事中的地图并没有真正起到"指路"的作用，它的作用在于为近乎绝望的军队提供了目标、树立了一定能走出山的信心。

由此可见，目标在人的前行过程中是非常重要的，它提供的是努力奋斗的方向和不致绝望的力量。

2. 发现问题

什么是问题？问题是实际结果与预期目标之间的差距的产生原因。

销售团队有了明确的目标后，难免会在向目标努力的过程中遇到各种阻碍，这些阻碍就是需要解决的问题。发现问题后，找到问题背后的原因并给予解决，能促使团队持续成长。

3. 激发潜能

在第 3 章中，我们探讨过激发潜能的方法。协助下属设定自己的目标后，绝大部分下属会比无目标时更有努力的动力。建议销售管理者协助下属设定高一些的、挑战性强一些的目标，这样更有助于激发下属的潜能，以获得更理想的业绩，推动团队健康、持续发展。

4. 提高凝聚力

通过共同制定、实现目标，团队成员之间的沟通和协作会不断加强，进而形成良好的团队氛围。为了实现共同的目标，大家心往一处想、劲往一处使，团队凝聚力就形成了。

5. 营造氛围

目标就是标准、方向，若身边人都快实现目标了，落后者大多会奋力赶上，如此一来，团队内部更容易形成你追我赶的积极氛围。

6. 淘汰落后者

有些落后者发现自己离目标还远时会奋力赶上，也有些落后者会选择破罐子破摔。如果没有提前为团队设定明确的目标，销售管理者很难清楚地判断各团队成员的工作状态，有了目标，便能更直观地筛选出能力差且不思进取的团队成员，及时裁退或要求其转岗，减轻团队负担。

4.1.4 如何设定目标（CPCT 法则）

销售管理的核心是目标管理，而目标管理的核心是设定目标，因为设定目标好比制定游戏规则，没有明确的游戏规则，游戏就无法进行；制定的游戏规则不合理，游戏结果不会太理想。因此，如何设定目标这部分内容，可以说是本书的"书胆"。

当前最流行的设定目标的标准是 SMART 法则（S=Specific、M=Measurable、A=Attainable、R=Relevant、T=Time-bound），最早由管理学大师彼得·德鲁克（Peter Drucker）于 1954 年在《管理的实践》中提出。

不过，经历了 70 余年的发展，中国的经济发展水平、企业管理水平有着翻天覆地的变化，国外流行的法则，在中国多少有些"水土不服"。参考经典的 SMART 法则，我对设定目标的标准进行了一定程度的修改，使之更适合中国企业的销售团队使用，修改后的法则为

CPCT 法则（第一个 C = Clarity、P = Pragmatic、第二个 C = Challenging、T = Time-bound），分别为明确性、务实性、挑战性、时限性。

接下来，我们详细介绍 CPCT 法则。

1. CPCT 法则之 Clarity：明确性

设定的销售目标至少要满足两点要求，第一点是具体，第二点是数据化。

如果一个目标不是很具体，且没有数据化的描述，这个目标就不是一个明确的目标。在目标不够明确的情况下，执行者很容易在遇到问题时选择放弃努力，或者虽然足够努力，但是努力错了方向。

三个组的实验

做实验的心理学家组织了 3 组人，分别出发前往 10 千米以外的某个村庄。3 组人所走的线路不同，行进状态和最终结果也截然不同。

对第一组人来说，终点是遥不可及的，因为他们既不知道目标村庄的名字，又不知道路程有多远，只是盲目地跟着向导走。走了两三千米后，开始有人抱怨；走到一半时，甚至有人情绪濒临失控，质疑为什么要走这么远的路，并质问向导何时才能到终点。

第二组人的情况相对好些，因为他们知道目标村庄的名字和大致的路程。但在行进过程中，他们没有里程碑可以参考，走了多远,只能靠经验估算。走到一半时,有些人开始感到疲惫、焦虑,有经验的人努力安慰大家,说已经走了一半,很快就到了。这确实给了想放弃的人一些动力,但走到全程的3/4时,疲惫和焦虑再次袭来,全组人的情绪都不佳。

最幸运的是第三组人,他们不仅知道目标村庄的名字和明确的路程,而且行进过程中有里程碑可以参考,这让他们能清楚地掌握自己的进度。每走1千米,他们就多一份成就感,疲惫时,组内总有人自发地用唱歌、讲笑话的方式为大家提振精神。最后,第三组人快乐地到达了目标村庄。

根据以上实验,心理学家得出了这样的结论:若人们的行动有明确的目标,并清楚地知道自己的行进速度、所处位置与目标之间的距离,人们行动的动力会得到维持,进而自觉地克服一切困难,努力实现目标。

设定销售目标同样如此,如果下属说:"我要把工作做得更好!"这个目标显然是不够明确的,能起到的推动作用有限。此时,需要进一步将其明确为"我一个月要获得100万元的业绩",效果会截然不同——根据企业的业绩提成规则,100万元的业绩对应的奖金、提成是多少能够被轻松地计算出来,"追求快乐"的动机会由此被激发。

2. CPCT 法则之 Pragmatic:务实性

务实性是目标设定的核心,即设定的目标必须是团队上下都认为可以实现的目标，这个目标才有价值。

目标设定得适当高一些是正确的选择，因为正所谓"人往高处走，水往低处流"，目标设定得需要跳起来去够时，更能激励团队成员挑战自己、创造奇迹。但这个设定高度是有极限的，如果设定得太高，让团队成员觉得再努力也无法实现，相关目标不仅没有激励作用，还有可能起到反作用。

因此，目标的设定必须满足务实性要求，只有当执行者觉得目标是符合实际情况的，才会有想要努力实现的动力。否则，所谓的目标更像是挂在墙上的口号、标语，久而久之，会让团队成员视而不见。

很多企业的业绩目标是与绩效挂钩的，即销售必须实现预先设定的业绩目标才能获得奖金。还有些企业会将销售的工资分为两部分，一部分当月发，另一部分在年底确定实现业绩目标后才发。这种制度有一个严重的弊端，即一旦企业设定的目标超出销售的心理预期，销售就会觉得企业的绩效考核制度是为了扣发奖金而制定的，快到年底时，倘若再努力也无法实现目标，确定拿不到奖金，销售很可能或压着原本能签的合同到次年再签；或将合同转让，制造"飞单"；抑或直接带着合同跳槽。

3. CPCT 法则之 Challenging：挑战性

挑战性指设定的目标对执行者来说不是容易实现的，必须经过努力才能实现。这就好比摸高，虽然必须尽全力跳起来才能摸到目标，但只要尽全力跳起来就会摸到目标，即目标不是遥不可及的。

想设置好挑战性目标，需要用心地衡量目标设定的"度"。

挑战性必须和务实性放在一起讲，因为两者都无法独立存在。如果只讲务实性，目标的挑战性不足，是无法充分激发团队潜能的；如果只讲挑战性，目标越定越高，总有一天会因缺乏务实性而失去存在的意义。

由此可见，设定合理的目标是非常重要的。这就好比玩游戏，目标清晰、规则明确，大家才会投入其中、乐此不疲。

4. CPCT 法则之 Time-bound：时限性

时限性要求目标必须有明确的实现时间，最好同时有过程中的阶段性实现节点，因为实现目标的时间跨度越大，执行者获得的激励效果越差。

波浪式业绩

我给一家主营业务为地砖的连锁门店提供过销售培训服务，在前期调研时，我发现该门店的业绩有波浪式波动的特点，即每个季度第一个月的业绩表现最差、第二个月的业绩表现略好、第三个月的业绩表现最好，如此循环。为什么呢？通过调研，我明确了原因：该门店的考核周期以季度为单位。

因为以季度为单位，所以每个季度的第一个月，大家都比较松懈，对应的是最差的业绩表现；第二个月、第三个月，大家开始为实现业绩目标而努力了，对应的自然是不断走高的业绩表现。

在这种情况下，如果某季度的第一个月正好是产品的销售高峰期，该门店会损失不少利润。

找到问题所在后，我开始实施改革，把季度考核改成月度考核。试验了3个月后，我发现该门店的业绩表现依然是波浪式的：每个月月初的业绩表现最差，因为上个月的月底为了实现业绩目标消耗掉了手里的订单；月中开始回升；月底的业绩表现冲到顶端；次月月初回落，如此往复。

我一看，时间跨度还是有些大，便继续改革，从月度考核改成周考核。如此一来，虽然业绩表现依然有波浪式特点（周一、周二的业绩表现最差，周三、周四的业绩表现稍好，周五至周日顾客多，恰好对应考核节点，业绩表现最佳），但总算最大程度地降低了销售实现业绩目标后懒散、懈怠对门店利润的影响。

由此可见，在设定目标的同时，必须明确目标的实现时间，并合理控制实现目标的时间跨度。

4.2 目标的分解：做好过程管理

4.2.1 设定好的目标为何无法实现

其实，现在大多数企业管理者是知道设定目标的重要性的，而且很多企业的目标设定得相当科学，但总有无法实现设定好的目标的人，这是为什么呢？换句话说，到底是什么在阻碍目标的实现？找到核心问题，对实现销售业绩目标有极大的助力。

每次我给企业提供培训服务之前，都会问他们同样的问题：你们觉得设定好的目标无法实现的原因是什么？

将出现频率较高的回答汇总如下。

第一，目标设定得过高；

第二，市场出现了波动；

第三，竞争对手太厉害；

第四，销售的狼性不够；

第五，满足于当前业绩；

第六，价格没有竞争力；

第七，销售的产品过时；

第八，管理者只关注结果。

以上8点，除了第二点、第三点是外部原因，其他都是内部原因。其中，第一点是目标的设定问题，本章第1节已经解决；第四点、第五点是内部激励问题，第3章已经解决；第六点、第七点是市场部的问题，本书略去不提；最后一点，非常重要，但很容易被企业管理者忽视。

可能有读者会问，销售不都是重视结果的吗？不应该以结果为导向吗？

确实，销售非常重视结果，但没有过程哪来的结果呢？目前，大多数企业的考核制度是月度考核，但等到一个月快结束了才发现业绩表现不理想，往往就来不及了——除了零售企业，大部分企业的业绩目标的实现不是一蹴而就的，大多数潜在客户需要跟进一两个月，甚至一两年才签单。

王牌销售成了垫底经理

老陈是一家国有企业的王牌销售，过去3年，企业的业绩大幅下滑，老陈临危受命，担任了企业主战场——江苏区域市场的销售总监。

老陈的销售工作做得好，但没有管理团队的经验。老陈所在的企业习惯在每月月初召开总监及以上管理者的销售月会，会上，各区域市场的销售总监需要汇报上个月的团队销售情况；会后，各销售总监会回到自己的团队，根据企业的要求布置次月的团队销售任务。为了在企业的销售月会上有数据可汇报，老陈习惯在每个月的月底关注团队的销售数据，让他无奈的是，每个月，他管理的销售团队的业绩都不理想，任职一年来，该销售团队的业绩甚至不如他任职前的业绩。

开年会的时候，老陈发现自己管理的销售团队的业绩完成率竟然已经下滑到了末位，很没面子，便找到团队业绩增长速度最快的广东区域市场的销售总监老王，请教他是如何带领团队保持业绩增长的。

老王和老陈不一样，之前一直在民营企业担任销售总监，管理经验丰富。老王告诉老陈，不应该到月底才关注团队业绩的完成情况，因为不是所有的销售都像老陈这样，不用督促就会积极地跑业务。

老陈听后恍然大悟，过去，他一直在用自己的销售经验管理团队，看来，他并不是一个合格的销售管理者。

老陈的问题是很多企业的通病，很多销售管理者直到即将进行业绩结算时才开始关注下属的业绩完成情况，肯定是来不及的，即便发现问题后力促大家出去跑业务也为时已晚，因为很多订单是需要多次拜访客户后才有机会成交的。

由此可见，虽然目标管理最终落地在实现目标这个结果上，但如果管理者没有关注过程，也会出现严重的问题。

4.2.2 过程管理

那么，如何才能确保每个月的业绩目标都顺利实现呢？这涉及本章第二个核心内容：过程管理。

山田本一的夺冠秘诀

1984 年，在东京国际马拉松邀请赛上，名不见经传的日本运动员山田本一出人意料地获得了冠军。大众很震惊，赛后，记者纷纷询问山田本一夺冠的秘诀是什么，山田本一用手点了点自己的脑袋，只说了一句话："别人用体能比赛，我凭智慧战胜对手。"

人们都知道，马拉松比赛主要是运动员体力和耐力的较量，爆发力、速度和技巧都在其次，因此，对于山田本一"凭智慧取胜"的回答，许多人疑而不信，觉得他是在故弄玄虚。

两年后，山田本一参加了在意大利米兰举行的国际马拉松邀请赛，这次，他还是一路领先，轻松摘取桂冠。记者们在采访他时问了同样的问题，性格木讷的山田本一依然回答："别人用体能比赛，我凭智慧战胜对手。"

> 记者不依不饶地追问，山田本一无奈地表示退役后一定揭开谜底，在后面还要参加比赛的情况下，不方便透露太多。
>
> 10年后，山田本一退役当了教练，在自传《分解目标》中首次披露了夺冠的秘诀。原来，他每次比赛前都会驾车沿比赛线路走一圈，把沿途醒目的标志记录下来，比如第一处是银行、第二处是红房子、第三处是一棵大树……一直记录到终点。比赛时，他会先以百米冲刺的速度跑完第一段，再信心百倍地向下一个目标冲击，这样，全程数十千米会被他分成若干段轻松地跑完。
>
> 之所以发现这个秘诀，是因为以前比赛时，他总把目标锁定在数十千米以外的终点，结果只跑了十几千米就全身疲惫——被后面遥远的路程吓倒。

这个故事告诉我们，先将最终目标分解成一个个阶段目标，再逐个实现，可以更轻松地实现最终目标。这就好比吃香肠，刚烤好的一整根香肠又大又烫，很难下嘴，不如先用刀叉将香肠分割成小块，再一小块一小块地放入嘴里咀嚼，既能享受美味，又能帮助消化，而且吃相很儒雅。

山田本一的目标分解法不仅适用于体育比赛和生活，还适用于销售业绩目标的实现。

比如，一年的业绩目标为1000万元，如果分解到每个月，只有不到100万元，如果继续分解到周，每周只有20余万元。只要坚持把每周的任务完成，一年的任务就能够在不知不觉中顺利完成。

当然了，业绩目标的分解并没有这么简单，因为业绩目标的实现不像生产线工作的完成那么简单，如果我们把目标分解法用于助力某车间生产目标的实现，相对而言更清晰。

比如，某车间生产某产品的生产线共有 5 条，假设每天的目标是生产 10000 个零部件，那么分解给每条生产线的目标就是每天生产 2000 个零部件，这是按生产线分解；我们可以继续分解，每天每条生产线上午生产 500 个零部件、下午生产 500 个零部件、晚上生产 500 个零部件、凌晨生产 500 个零部件，这是按时间分解。最终，只要每条生产线每个时间段都能按时完成任务，一天生产 10000 个零部件的目标就能顺利实现。

业绩目标不像生产目标这么好分解，是因为订单的成交和很多因素有关，比如市场变化、产品价格、业务人员素质、客户实力。所有因素中，最需要关注的是人——面对一位优秀的顶级销售，根本不用去管他是如何分解目标的，但面对一位本身就有惰性、内心缺少对成功的渴望的销售，如果不关注他，他大概率无法按时实现自己的业绩目标，甚至即使告诉他每周必须签多少单，他回一句"企业的报价太高，完成不了"，销售管理者就拿他没辙。因无法实现业绩目标而被辞退的销售多了，无论是企业、被辞退的销售，还是销售管理者，都是输家。

那么，在销售管理中，如何通过帮助销售分解目标来实现终极目标呢？

分享一个经典又精彩的案例，相信大家看完后会有感触。

顶级销售的诞生

2011年，我受聘于国内最大的干细胞存储企业，为其销售团队提供销售培训服务。接到任务后，我计划先培养出一位顶级销售，证明我的方法是有效的——很多方法的有效性能通过培养顶级销售来验证。

经过观察，我锁定了负责当地人民医院业务的一位销售汪可贞（化名），打算以她为培养案例，因为在培训课堂上，我发现这个女生挺爱学习的。

来到人民医院，找到了小汪，我问她："你一个月能签几单？"

小汪说："曹老师，我一个月能签两三单。"

我问："人民医院内一个月降生多少个宝宝？"

小汪说："两百多个吧。"

我说："一个月降生两百多个宝宝，按10%的签单率来算，你一个月应该签20单才对。"

小汪急了："曹老师，您知道吗？干细胞存储业务目前还没有完全放开，我只能一对一宣传，而且因为价格比较贵，一般孕妇是存不起的！"

我回答："确实，销售环境不太好，目前，干细胞存储费用一般的家庭承受不了。但你发现没有？即使这么难，你还是每个月都有成交。据我所知，你家有孩子要上学，你要还房贷，难道你不想多赚点儿钱？"

小汪道："我当然想多赚点儿钱，谁跟钱过不去呢？"说着说着，她突然反应过来，问道："您是不是有办法可以帮到我？"

我看着小汪的眼睛，郑重其事地说道："是的，如果你愿意听我的，我能帮你一个月至少签5单！"

小汪兴奋地问："我应该怎么做呢？"

我微笑道："其实很简单，只需要你每天都能完成当天的目标任务。我说的目标任务不是签单，而是在妇产科门口与陌生或熟悉的等候产检的孕妇聊天，一天至少拿到4个孕妇的电话号码，你能做到吗？"

之后的一个月，小汪努力地与孕妇聊天、记电话号码，一个月后，小汪签了6单！这个成绩让她成了当月的销售冠军。第二个月，她签了10单！半年后，她一个月最多能签20单！

在当年的销售年终总结会上，她以企业年度销售冠军的身份上台发言，分享了她的成功经验，即按照我的要求，每天接触潜在客户，把这个任务作为目标进行分解，而不是机械地分解业绩目标。

很多企业的销售会把业绩目标作为分解对象，而不细想业绩是靠什么创造的。业绩是靠不断地见客户、不断地积累客户资源创造的，因此，我们在进行销售管理的时候，不仅要关注目标，还要关注过程；不仅要关注过程，还要寻找KPI（Key Performance Indicator，关键绩效指标）里的"K"——关键（指标）。

看完以上案例，我们可以给过程管理下定义了。

过程管理，就是在关注目标的同时，对与结果相关的一切行为、数据进行管理。

简单地说,过程就是行动,过程管理就是行动管理。销售行动包括拜访新客户、走访老客户、电话邀约、加微信、参加展会、组织线下活动及新媒体营销活动等,这些行动需要用数据体现,针对行动数据,我们可以进行分解、分析。

4.2.3 目标管理

企业一般会用 KPI 来实施考核,那么,在销售目标管理中,什么是最关键的"K"呢?最终的销售业绩是结果,结果的获得离不开过程中的努力,因此,应该在过程中找"K"。

前文介绍的案例中的事情发生在 2011 年,因为当时微信还没有普及,所以拿到孕妇(潜在客户)的电话号码是"K"——孕妇愿意把电话号码告诉销售,说明孕妇一方面对产品感兴趣,另一方面对销售有一定程度的信任,两者都是成交的前提。

将同样的销售场景移至现在,加微信就是"K",对加微信数量进行分解即可。

那么,如何在其他场景中找"K"呢?我们再来看一个案例。

> **立功的"K"**
>
> 在第 1 章中,我们介绍过一个价值 20 万元的裂变式招聘策划案,那个案例中的事情发生在 2020 年,我为常州的一家电销企业提供

销售辅导与支持的过程中。

销售团队组建完毕后,我继续帮助该企业制定销售管理规章制度,工作重点是找到"K",即明确考核指标。

假设你是这家电销企业的销售管理者,管理12个人的电销团队,你会以什么为"K"?

我在课堂上经常问学员们这个问题,常见答案可汇总如下。

A考核方案:设定每人每天打电话的次数为"K",并确保打通的数量达标。

B考核方案:设定通话时间超过1分钟的打电话次数为"K"。

C考核方案:设定见潜在客户的次数为"K"。

D考核方案:设定两个"K",分别为打电话的次数和成交的次数。

学员们提出的方案都有其道理,目前,很多电销企业的考核方案为A考核方案,因为A考核方案符合"大数法则"。

"大数法则"指出,如果成交1单需要拜访10个潜在客户,那么拜访100个潜在客户就可能成交10单。因此,想提高成交量,要提高拜访潜在客户的数量。

虽然从表面上看A考核方案没问题,但如果成交与否与通话列表的质量和通话内容息息相关,且该企业的产品很难通过打电话成交,那么只考核每人每天打电话的次数效果不会很好。

我是怎么设定"K"的呢?

我在调研的过程中发现,该企业销售通常会结合使用电话和微信，接过电话的潜在客户愿意加微信才说明对产品感兴趣，且不反感与之通话的销售。因此，我设定加到潜在客户的微信这个动作为"K"。

为了帮助销售养成每天加一定数量的潜在客户的微信的习惯，我制订了一个临时团队竞赛方案，细则如下。

第一，3个人一组，分4组进行PK。

第二，小组PK和个人PK同时进行。

第三，PK内容是每天加到潜在客户的微信的数量。

第四，原则上，新销售每天至少加2个潜在客户的微信，资深销售每天加5~8个潜在客户的微信。

第五，以周为考核周期，每周汇总并公布小组排名和个人排名。

第六，设置小组奖励，获得第一名的小组整体奖励1000元（附加条件是组内所有人都完成了基础任务）。

第七，设置个人奖励，超额完成基础任务的个人，均奖励200元。

第八，周排名垫底的小组的组员，罚打扫办公室卫生一周。

第九，本次竞赛活动为期3个月，3个月后，排名倒数前3的个人及没有完成基础任务的个人接受调岗处理。

活动开始后，每个小组都干劲十足，不仅每天积极拨打一定数量的电话，还积极添加潜在客户的微信，基本上每人每天都能完成基础任务，且加微信数排名第一的小组、个人的业绩同样排名第一。

竞赛结果说明，只要多加潜在客户的微信，就能多签单。

以上案例是电销团队的个案,"K"是加到潜在客户的微信。大多数企业的销售需要直接拜访客户才有可能签到订单,因此企业的"K"需要根据企业的实际情况设定,比如,新企业、新团队、缺少客户的团队可以设定拜访潜在客户的数量为"K";再如,有些企业觉得二次拜访的数量才是"K",虽然难度更大,但效果更好。

总之,各位销售管理者需要根据任职企业的实际情况设定"K"。

4.2.4 目标管理的全流程

综上所述,做好销售管理,不仅要关注目标的实现,还要关注过程,因为销售团队的目标管理必须结合过程管理来实现。

目标管理就是把企业目标从大到小逐步分解,这个过程可以画成一个非常清晰的流程图,如图 4-1 所示。各位读者可以仿照图 4-1 制作自己所在企业的、从战略到行动的目标管理系统。

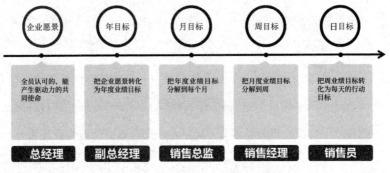

图 4-1 销售目标管理全流程

对销售目标管理全流程详细说明如下。

1. 企业愿景

企业愿景，即企业最大的战略目标、企业从上到下共同的使命，一般由企业总经理提出。

2. 年目标

企业愿景必须转化为年度业绩目标，主要由主管销售的副总经理制定。副总经理常负责组织年度会，对企业的年度业绩目标负责。

3. 月目标

确定年目标后，主管销售的副总经理需要把年目标告知下属，即各位销售总监，由销售总监将其分解为月目标，并告知自己主管的销售团队的销售经理。销售总监常负责组织月度会，对自己主管的多个销售团队的业绩目标负责。

4. 周目标

销售总监将月目标告知各位销售经理后，需要协助销售经理继续将其分解为周目标。周目标包括两个方面的目标，分别为业绩目标、行动目标。销售经理常负责组织周例会、晨会、夕会，对自己领导的单个销售团队的业绩目标负责。

5. 日目标

明确周目标后，销售经理需要帮助下属（一线销售）制定个人的月度业绩目标、周业绩目标，和每一天的行动目标。注意，除了零售企业，大多数销售区域的一线销售不用制定日业绩目标，因为大多数业务不是一天就能成交的。具体到日，设置行动目标即可。

以上销售目标管理全流程不仅是一个将大目标逐步分解为小目标的过程，还是把一个目标拆解成行动计划的过程。

通过图 4-1 可以看出，只要销售团队中的每个人都能完成自己每天的行动目标，企业全年的业绩目标就能实现；企业每年的业绩目标都能实现，企业的战略目标——企业愿景就能顺利实现。

4.2.5 销售目标过程管理卡

既然销售团队的目标管理必须结合过程管理来实现，那么，我们具体应该怎么做呢？分享一个能够显著提高工作效率的销售管理工具：销售目标过程管理卡。销售目标过程管理卡是目标管理的核心表单之一，周销售目标过程管理卡见表 4-1。

表 4-1 周销售目标过程管理卡

销售员	业绩目标（元）	新客户拜访数	老客户回访数	电话数	加微信数	寄样品数
张三	100万	5	5	100	10	8

续表

销售员	业绩目标（元）	新客户拜访数	老客户回访数	电话数	加微信数	寄样品数
李四	150万	3	7	100	15	10
王五	80万	8	2	100	8	5

填表说明如下。

1. 业绩目标

这是一个结果导向型指标。本指标以周为单位，主要依据月目标进行分解，同时考虑相关销售过往的销售情况，在兼顾务实性与挑战性的基础上设定。除了零售企业，大多数销售企业的销售的业绩目标不必分解到每天。

2. 新客户拜访数

这是一个过程导向型指标。通常，平均拜访量为2个/天，一周有5个工作日，因此，新客户拜访数加老客户回访数设定为10个/周比较合理（可根据各企业的具体情况调整）。无论是新销售还是资深销售，都要有一定量的新客户拜访数，资深销售的新客户拜访数可以设定得少一些，新销售的新客户拜访数应该设定得多一些，先设定好周目标再分解到天。

3. 老客户回访数

这是一个过程导向型指标。资深销售手里的老客户往往需要经常维护关系，否则容易被竞争对手乘虚而入，因此，资深销售的老客户回访数应该设定得多一些，新销售的老客户回访数可以设定得少一些。

4. 电话数

这是一个过程导向型指标。电话数有两种设定方式，第一种是设定电话邀约的数量，第二种是设定电话拓客/销售的数量，不同企业可以根据实际情况自行设定。

比如，制造企业的成交需要与客户多次见面才能实现，可以设定电话数为电话邀约的数量。

再如，零售企业的成交可以通过电话沟通实现，设定电话数为电话拓客/销售的数量即可。

5. 加微信数

这是一个过程导向型指标。我给企业提供培训服务时经常会进行一个现场调查：依次让微信好友数超过 1000、2000、3000……的学员举手。数量越多，举手的人越少，而举手时间越长的人，业绩表现越好，这是我通过无数次调查得出的结论。如今，业务交流基本能借助微信完成，因此，加微信数是一个非常重要的考核项。

注意，不是只有电销企业需要关注销售的加微信数，制造型企业同样可以以加微信数为销售的关键考核项——加微信数不仅能体现电话销售的成果，还能体现销售参加行业活动、行业展会、日常社交的成果。有了加微信数这一考核项，销售会更有意识地主动社交。

6. 寄样品数

这是一个过程与结果结合的指标——到了寄样品阶段，合作概率会大幅提升。

这个指标不具备普适性，但如果你供职的企业有寄样品这一销售环节，或者只有样品通过潜在客户的技术验收，才有可能进入下一步（谈判环节），那么完全可以以寄样品数为考核的关键指标，甚至只要抓住这一个"K"，就能确保实现业绩目标。

4.3 目标的实现：用结果说话

所谓"成功"，就是实现预期目标；所谓"失败"，就是没有实现预期目标；所谓"问题"，就是目标与现实之间有差距。

无论我们多么强调过程管理的重要性，都抵不过一句"以结果为导向"。过程再完美，目标未能实现也毫无意义。

因此，过程管理的终点是目标管理，目标实现了就应该按计划奖励、庆祝；目标没有实现，就一定要找出问题所在。到底是执行的过程有问题，还是目标的设定有问题？找出问题所在并加以改善，才能确保下一个目标顺利实现。

4.3.1 结果的评估与改进

如何对目标进行合理的调整呢？需要使用目标管理的第二张

表——结果评估与改进表。结果评估与改进表见表 4-2。

目标管理的第一张表"目标过程管理卡"用在进入考核周期之前，而结果评估与改进表用在考核周期结束之后，可以每周填写，也可以按月填写。问题发现得越早越好，因此，建议每周填写。

表 4-2　结果评估与改进表

销售员	业绩达标率	失单原因	行动达标率	未达标原因	改进方案
张三	80%	……	拜访客户 80%	……	……
		……	拨打电话 100%	……	……
		……	加微信 60%	……	……
李四			……		
王五			……		
……			……		

结果评估与改进表的填表说明如下。

1. 业绩达标率

这是结果评估与改进表中唯一以结果为导向的考核指标。对结果进行检验，明确与既定目标的差距在哪，才能直接看出问题。

业绩达标率的计算涉及两个指标，分别为业绩目标、完成业绩。业绩目标是上周定的目标，完成业绩是本周完成的结果。

2. 失单原因

失单原因应该先由销售自己填，再交给销售管理者根据实际情况进行补充。无论业绩是否达标，只要有失单情况，这一项就必须填。

原则上，失单原因填写最主要的 3 点即可，可以只填主观原因，因为客观原因即使写了也没有太大的意义，反而容易引起大家的负面共鸣。

最好的填写方式是先在小组内开一个复盘会，再把复盘会得出的结论写上去，这样填写的内容比较客观。

3. 行动达标率

这一项包括目标过程管理卡中所有过程指标的达标情况，即需要分别列出电话数达标率、客户拜访达标率、加微信数达标率等。

4. 未达标原因

未达标原因至少要写出 3 条，可以一条一条写，也可以合并在一起写。比如，拜访客户数未达标，原因是打电话数量不够、客户爽约、缺少合理的见面理由、有效客户资源不足等。注意，尽量多写主观原因，少写客观原因。

5. 改进方案

改进方案是结果评估与改进表中最重要的内容，可以合并写，也可以针对失单原因、未达标原因分条写。

改进方案强调的是具体的行动方案，即应该如何改进，可以对企业提出合理化建议，不要发牢骚、抱怨。

填好目标过程管理卡和结果评估与改进表后，就可以高效地召开周例会了——先根据结果评估与改进表，针对本周的工作进行总结，再根据目标过程管理卡，对次周的工作进行目标设定、行动分解，同时量化指标。

总之，目标管理必须结合过程管理实施，既要以结果为导向，又要关注过程中的行动效果，这样才能确保最终目标的顺利实现。

注意，作为销售管理者，比如销售经理，不要因需要在肩负团队管理工作的同时背负自己的业绩目标而忽视对下属进行过程管理。如果不在过程管理中投入一定的时间与精力，月底发现团队业绩目标难以实现时往往需要用更多的时间与精力去督促下属加班加点地实现业绩目标，常事倍功半，不如把时间与精力分配到平时，加大每周的过程管理强度，确保月底不会太紧张。比较理想的情况是，每周的过程管理常态化后，下属养成了关注过程的习惯，不再试图钻空子、偷懒，管理者可以渐渐减少自己用在这方面的时间与精力。

总之，功若在平时，利就在年底。

4.3.2 协助下属签大单

销售管理者，尤其是销售经理，除了要做好下属的业绩目标管理，还要协助下属签一些难签的单，一方面是为了确保团队业绩目标的实现，另一方面是为了帮助下属提高签单能力，起到表率、示范作用。

当销售遇到几次都谈不妥的客户，尤其是大客户时，往往会向销售管理者求助,面对类似情况,很多销售管理者使用的处理方法是带着销售一起去拜访客户,这样做虽然效果明显,但对于下属的成长没有太大的帮助,因为销售管理者陪着销售去现场后,基本上是销售管理者负责与客户洽谈,销售最多打打下手,锻炼空间有限。对销售管理者来说,正确的处理方法应该是先帮助下属分析问题所在,即带着下属进行"复盘",如果复盘后下属依然没能成功签单,销售管理者再出面。在拜访客户前,建议销售管理者组织召开沙盘会,制订洽谈计划,甚至设计好每个人扮演的角色——在什么时候,谁负责退让,谁负责拍板,自然地完成"车轮战杀单"。

谈了一整天的大单

2015年的夏天,我负责提供销售培训服务的位于苏州的一家装修企业迎来了一位客户,是企业销售三中心的一个销售约来与设计师谈装修方案的,据说该客户在金鸡湖旁边买了一栋别墅。

我前一天刚好给销售三中心讲过车轮战杀单的方法,大家准备用这个客户验证这个方法的有效性。

我用微信建了一个临时沟通群,把销售三中心的销售经理、销售、设计师和助理全部拉了进去,销售、设计师和助理在VIP洽谈室里与客户洽谈,我和销售经理在隔壁洽谈室远程指挥,助理负责在微信群中直播洽谈过程。

客户看了方案并提出修改意见后,双方开始谈设计费。销售负责报价,报完价后,客户表现出了极大的不满,设计师给予了第一次让步，便宜5%，但客户还是不认可价格。客户准备离开时，助理跑出来请我和销售经理入场——这是在客户来之前我们就计划好的。

销售三中心的销售经理入场与客户洽谈，客户对销售经理给予了尊重。销售经理先重新了解了一下情况，再以提前给一周后才举办的周年庆活动的优惠为理由，给了客户继续便宜5%的让步。因为总价比较高，客户依然不满意，销售经理很聪明，以到饭点为借口，留客户一起吃便饭。

吃饭的时候，大家东拉西扯地聊天，拉近了心理距离，客户谈了一些他的真实想法——他还想去另一家装修企业看看，准备货比两家。

吃完饭后，客户要走，我使出了最后一招，把企业的总经理搬了出来。企业的赵总经理来了之后，又与客户聊了一会儿，提出一个全包方案，多给客户优惠10%。

最后，客户付了40万元预付款，杀单成功。

送客户离开的时候，已经是晚上11点了，从下午1点客户来洽谈，一直到晚上11点，一共谈了10个小时，我们在客户3次提出要离开的情况下成功杀单。

这个案例，后来作为该企业培训新人时的经典案例推广至今。

以上就是车轮战杀单的全过程，随着企业派出的洽谈人的职级逐步提高，客户会越来越重视优惠条件，也越来越相信企业方说的话。

作为销售管理者，要随时做好担任下属的"杀单人"的准备，不一定非要亲临现场，有的时候，一个电话就可以解决问题。比如，销售拜访客户，客户盯着价格不放，而销售的权限不够（即便有权限，也要假装没有），就可以当着客户的面给自己的领导打电话申请让步，如果打电话不足以打动客户，销售可以邀请自己的领导一起再次登门拜访，销售经理不行就带销售总监，销售总监不行就带销售副总经理，总之，只要客户没有和竞争对手企业签单，就不能轻易放弃。

这里分享一个谈判技巧，即在让步之前，必须提一个要求。比如，现场给自己的领导打电话，打完电话对客户说，经理同意这个价格了，但要求必须付全款，这个"付全款"就是所提的要求。虽然可能最后无法收到全款，但至少能按让步的这个"底线"成交，如果让步之前不提要求，客户很可能会继续提更过分的要求。

比如，我在盐城为某企业提供培训服务时遇到的一个销售经理跟我分享了他的经历：他销售的产品是挖掘机，客户要采购两台，但砍价严重，他向领导汇报后同意了客户的要求，没想到，客户继续提出要多给一年的挖掘机保养服务的要求，他勉强同意后，客户又提出要配送几桶机油的要求，他一再让步，最后客户还是跟其他企业合作了。

为什么会出现这种情况呢？原因之一就是该销售经理没有使用让步之前必须提要求这个技巧，让客户觉得自己始终在吃亏，并没有压缩掉所有砍价空间。

4.3.3 大客户管理

做好大客户管理很重要。根据二八法则，将 80% 的时间与精力投向能产生高额回报的 20% 的客户，这是大客户管理的精髓。

作为销售管理者，要特别关注大客户管理，把有限的时间与精力投向重要的大客户或重要的渠道，而不是什么客户、渠道都关注，一些小客户、渠道，授权给一线销售去跟进即可。

销售管理者的大客户管理，不仅指自己跟进大客户，还包括对本部门的所有大客户进行管理，尤其是一些企业级的重点大客户，就算有一线销售在跟进，销售管理者也要对其做好企业层面的维护和服务。

具体而言，客户管理，尤其大客户管理，包括以下 5 个方面。

1. 客户关系管理（CRM）

有些企业会使用 CRM 软件或 ERP 系统对销售团队的客户进行有效管理，现在市面上的大多数 CRM 软件是比较成熟的，比如纷享销客、销帮帮、管家婆，不仅可以帮助销售管理者管理一线销售手中的新老客户，防止客户流失；还可以帮助销售管理者通过日报、周报关注一线销售的销售过程，达到既关注业绩结果，又关注销售过程的管理目的。

如果企业没有使用上述软件、系统，销售管理者需要制定详细的管理制度用于客户关系管理。比如，要求一线销售将客户信息以表格的形式留存在企业。再如，在客户生日或其他重要节日的时候，由企业出面购买礼物，协助一线销售服务客户，提高客户的满意度。

2. 报备制度完善

若一线销售之间出现内部抢单现象，销售管理者要及时出面解决问题，甚至在出现问题前就用制度预防类似现象的出现——谁接触到新客户，立刻将客户信息报备给销售管理者，这就是报备制度。

最简单的报备制度是要求一线销售第一时间把接触到的新客户报备给销售管理者，企业可以设定 1～3 个月的保护期，如果超出保护期，报备者还没有实现成交，企业做主把客户放回"公海"，由销售管理者对客户进行重新分配。

完善报备制度可以有效避免内部抢单现象的出现，同时确保客户信息第一时间留存在企业内部：一旦对接某客户的一线销售离职，销售管理者可以立刻委派新的一线销售对接该客户。

3. 客户分配

有些客户会主动联系销售企业，负责接单的销售助理或客服拿到客户信息后，需要及时上报销售管理者，由销售管理者决定如何分配这些客户资源。

最简单的分配原则是轮流分配，比如，销售团队内有 10 个一线销售，依次分配，列表循环。

第二种分配原则是业绩优先制，即优先把客户资源分配给业绩排名第一的一线销售，或者明确只有工作超过一年的资深销售有资格参与分配客户资源。

第三种分配原则是区域分配制,对业务覆盖全国市场的企业来说,相关客户在哪个区域,就应该将其分配给负责哪个区域的业务的一线销售;如果该区域暂无一线销售负责,就应该将其分配给负责周边区域的业务的一线销售。

不管如何分配,客户资源分配一定要公平、公正,销售管理者不能偷偷把客户资源分配给和自己关系最好的下属,否则很容易导致其他下属不满,造成人才流失。

4. 资源整合

大客户包括企业(个人)大客户、渠道(分销)大客户,有些企业的产品是有渠道(分销)代理商的,一旦出现售后问题或产品质量问题,仅靠一线销售很难处理周全,此时需要销售管理者联合其他部门,整合资源,和一线销售一起为大客户提供服务。

5. 客户陪访

销售管理者可以轮流陪同一线销售走访新老客户,一方面是体现企业对客户的重视,提高重点客户的满意度;另一方面是对一线销售进行考查,考查一线销售是否认真地服务了客户,并督促一线销售日后给予客户(更)良好的服务。此外,进行客户陪访,有利于销售管理者更全面地掌握客户信息,防止一线销售离职带走客户。

4.4 教练式领导力：给予启发，力促成功

为什么我们不能像鸟儿一样飞翔呢？

年幼的莱特兄弟经常在父亲的农场里帮忙放羊。某天，他们躺在草地上，望着在天空中自由飞翔的鸟儿，心中充满了羡慕，喃喃自语道："为什么我们不能像鸟儿一样飞翔呢？"

这时，一位路过的牧羊人看到他们出神的样子，便走过来和他们聊天。

牧羊人告诉莱特兄弟，他也曾经梦想着像鸟儿一样飞翔，甚至尝试着用树枝和布制作过翅膀，但都以失败告终。这位牧羊人告诉莱特兄弟，飞翔是很多人的梦想，但实现梦想需要有足够的勇气并付出巨大的努力。"如果有一天，有一种机器能装着人们在空中飞翔就好了……"临走前，牧羊人充满向往地说。

牧羊人的话启发了莱特兄弟，他们不仅对飞翔有着浓厚的兴趣，

> 还开始思考借助机器飞翔的可能性。
>
> 在持续观察鸟类的飞翔姿态、阅读大量相关书籍的基础上,莱特兄弟开始尝试制作各种飞行器模型。
>
> 尽管经历了无数次失败,但莱特兄弟从未放弃。他们不断改进设计,最终在 1903 年 12 月 17 日制造出了早期的飞机,实现了人类历史上第一次持续的、可控制的动力飞行。

虽然以上故事常以寓言的形式存在,可能并非完全真实,但它不仅展示着人类对飞翔的永恒追求,还体现了启发的重要性。世人大多知道莱特兄弟,但很少有人记得那位牧羊人,给予莱特兄弟启发的牧羊人承担的角色就是"教练"。

那么,教练式领导力到底是什么呢?销售管理者应该如何借鉴使用呢?

4.4.1 教练式领导力的概念

我们来看一个在销售管理中常见的案例。

> **跟丢了的订单**
>
> 情景一
>
> 张三:"李总,这家化工企业最终还是决定拒绝合作。"
>
> 李总:"是不是还是因为价格没谈妥?我说过多少次,不要轻

易报价，你就是不听！"

张三："咱们的报价已经很低了，我也想多为企业争取一点利润啊！"

李总："多说无益，这个月的奖金你就别指望了！"

情景二

张三："李总，这家化工企业最终还是决定拒绝合作。"

李总："你觉得是什么原因导致的呢？"

张三："应该还是因为价格未降到对方的预期值。咱们的最低报价和竞品的初次报价是一样的。"

李总："还有其他原因吗？"

张三："还可能是因为我没有找到真正拥有决策权的人——我一直在和对方企业采购部的小李沟通、对接。"

李总："还有吗？"

张三："还有……我对咱们的产品和竞品间的差异表述的可能不是很清楚，一直在硬拼价格，导致客户没有充分意识到咱们的产品的优势。"

李总："非常好。那么，除了报价、对接和沟通方面的原因，还有其他原因吗？"

张三："应该没有了。"

李总："你去见客户的时候，有没有邀请技术部的同事同行，给你提供助力呢？"

张三:"没有,这个确实没有想到,我以为客户只关注价格。"

李总:"吸取这个教训,你要记住,你背后是整个企业、团队,你应该充分调动你能调动的一切资源。如果需要,我可以陪你一起去见客户。"

张三:"明白了,谢谢李总!"

李总:"那么,下一步应该怎么做?你觉得咱们还有翻盘的机会吗?"

张三:"虽然在主采购产品上的合作失败了,但我觉得可以继续试着寻求配件采购方面的合作。只要能够进入对方的供应商目录,后面就会有更多的合作机会。"

李总:"需要我做些什么吗?"

张三:"客户的需求量比较大,如果企业能适时给予价格上的支持,成功的可能性会更大。"

李总:"只要需求量足够大,我可以出面去和财务协商。还有吗?"

张三:"谈到焦灼之处,如果您方便,能出面陪我去'杀单'就更好了。"

李总:"这个没问题。还有吗?"

张三:"没有了。"

李总:"这个项目前后持续超过半年了吧?是不是需要好好总结经验、教训?"

张三:"您说得对!我立刻组织相关人员针对这个项目开一个

复盘会。"

李总:"好的,什么时候开?"

张三:"我马上通知大家,明天下午就开,开完会后,我给您看会议记录。"

以上案例中,情景一比较常见——销售汇报工作时,销售管理者以责问的方式告知下属错误所在,而下属顾及颜面,不肯承认错误,上下级矛盾由此产生。

情景二是一个正确示范——销售管理者通过不断提出开放式问题引导下属反思错误所在,并启发下属自己提出解决方案,帮助下属不断进步。

教练式领导力的核心是什么?我们可以尝试根据情景二完成总结。

教练式领导力的核心在于通过使用教练方法、技巧激发员工潜能,帮助员工充分施展才能,努力实现工作目标。

教练式领导力的使用格外关注员工的个人成长和需求,主要通过提问、倾听、启发和引导激励员工,帮助员工发挥主观能动性,不断提高组织的绩效、优化团队的整体表现。教练式领导力的使用与命令、控制无关,有助于在上下级关系和谐的情况下不断增加员工的工作满足感、提升员工的工作满意度、减少企业的人员流失,并优化企业层面的工作效果。

如今,教练式领导力的使用正在逐步普及,为越来越多的企业增加着收益。

作为销售管理者，对待下属有两种常见的态度：一种是直接告诉下属应该做什么、怎么做；另一种是努力帮助下属自己意识到应该做什么、怎么做。

若销售管理者经常用第一种态度对待下属，很容易导致下属越来越缺乏独立解决问题的执行力。事实上，要想提高下属的执行力，帮助他们明白为什么做比告诉他们做什么、怎么做更重要。

想清楚来龙去脉很重要，因为相对于"思考"，"做"是一件太简单的事。

在实际工作中，很多销售管理者面对下属执行力不强的情况时，常抱怨下属能力不足、不够勤奋。其实，对销售管理者来说，比起责怪下属，更高效的解决相关问题的方法是反思自己的管理方式。

基于常年在企业咨询项目中对员工工作状态的观察和了解，我发现，很多时候，员工无法按时完成任务的原因是以下2个。

原因一：员工未掌握正确的工作方法。

原因二：员工不知道应该如何在工作中高效使用正确的工作方法。

举个例子，很多销售管理者会在安排任务时直接对下属说"你去完成××任务""××客户交给你了，你必须尽早签约"等话，殊不知下属领取任务后，根本不知道应该怎么做。

直接在安排任务时告诉下属具体的工作方法，确实能解决员工不知道应该怎么做的问题，但长期如此，很容易教出一批又一批一遇到问题就找领导的"宝宝"。

想真正解决下属的执行力不强的问题,建议所有销售管理者认真提高自己的教练式领导力,启发、引导下属自己寻找解决问题的方法并采取行动。

4.4.2 教练式领导力的优势

销售管理者不断提高自己的教练式领导力,至少有如下5点好处。

(1) 有助于创造稳定的工作环境

销售管理者不断提高自己的教练式领导力,有助于创造稳定的工作环境,帮助下属增加归属感、使命感、身份认同感,明确自己在团队内的角色,改善自己与团队的关系,降低离职倾向。

(2) 有助于帮助下属提高工作能力

销售管理者不断提高自己的教练式领导力,能够降低自己命令、指责下属的频率,取而代之的是鼎力支持和积极反馈,从而帮助下属提高工作能力和个人绩效。

(3) 有助于帮助下属提高工作积极性

销售管理者不断提高自己的教练式领导力,有助于更多地通过提问、倾听、引导激发下属的潜能,让下属变被动为主动,不断提高工作积极性,进而出色地完成工作任务。

(4) 有助于帮助下属提高工作效率

销售管理者不断提高自己的教练式领导力,有助于帮助下属提高工作效率，因为当解决方案是下属自己提出来的时候，下属会更加努力地去推动方案的落实，在无形中提高自己的工作效率。

（5）有助于提高自己的工作效率

销售管理者不断提高自己的教练式领导力，不仅有助于帮助下属提高工作效率，还有助于提高自己的工作效率，因为如果下属一遇到问题就向上求助，作为管理者，时间和精力会被大量地消耗，让下属养成自己解决问题的习惯，是能够提高管理效率，进而提高整体工作效率的。

表面上看，教练式领导以倾听为主导，但其实，没有巧妙的发问，倾听的质量是大打折扣的。因此，对提高教练式领导力来说，掌握优质话术、提高提问能力是必要的。

4.4.3 教练式管理者的常用话术

教练式管理者应该如何正确提问呢？举例如下。

（1）常见问题一

"没有做到（做好）的原因是什么？"

语气缓和，用开放式问题提问，真诚了解问题背后的真实原因。该问题明确区别于用质问、埋怨的口气问的"怎么又没做到？"。

（2）常见问题二

"你认为应该如何解决问题（实现改进）？"

引导下属思考解决问题的方法。如此提问不同于直接告诉下属自己的想法，不会起到限制下属思考的负面作用。

（3）常见问题三

"有没有更好的解决方案？"

启发、引导、鼓励下属不断思考、寻找更好的解决方案。

（4）常见问题四

"如果这样做了，会出现什么结果？"

引导下属思考结果与目标是否相符，帮助下属预见未来、不断优化解决方案。

（5）常见问题五

"这个结果是你想要的吗？"

引导下属完成结果与目标的比对，提高下属的工作积极性。

（6）常见问题六

"如果这个结果不是你想要的，问题出在哪里？"

引导下属发挥主观能动性，积极优化解决方案。

（7）常见问题七

"然后呢？还有吗？"

级别越高的教练式管理者，越懂得如何用提问、反问激发下属分析问题、解决问题的潜能。

（8）常见问题八

"什么时候开始行动？什么时候能解决问题？"

再好的解决方案，不执行就等于没有。为什么很多企业会反复遇到同样的问题？原因就在于之前的解决方案没有执行、落地。因此，明确解决方案后,要立刻确定执行过程中的时间节点。

4.4.4　教练式管理者的倾听技巧

提问之后,教练式管理者应该耐心倾听下属的讲述。无论下属的想法、解决方案是多么天马行空,作为优秀的教练式管理者,一定不要直接给予否定,更不要给予批评、反驳,正确的做法是先认可下属的想法,再提出新的问题,比如"然后呢?""如果这样做,结果会怎样?""结果是你想要的吗?""有没有更好的解决方案呢?",直到对方说出合理的解决方案(即使已经提出了比较合理的解决方案,也可以通过不断追问持续完善解决方案)。

总之,教练式领导者的工作重点是启发下属自己寻找解决问题的方法、明确解决方案。

有的读者会问:"如果我很有耐心地不断追问下属怎么解决目标问题,但下属就是提不出合理的解决方案,应该怎么办?"

首先,不管下属能力如何,不断提问是必须的。

其次,第一次对下属进行提问,下属说"不知道"时,优秀的教练式领导者可以尝试进行启发、引导。

再次,如果启发、引导毫无效果,可以直接给予明确的指导。不过,需要注意的是,如果类似的情况频繁出现,相关下属不是能力太差,就是主观抗拒思考,可以考虑沟通人力资源部门对其进行转岗处理或解聘处理。

最后，提问时，优秀的教练式领导者的提问应多为开放式提问，而非诱导式提问。开放式问题如"你觉得是什么原因呢？"，诱导式问题如"你是不是缺乏信心？你着急了吧？你没有找到正确的对接人吧？报价前，你是不是没有把产品价值讲清楚？"。在确定下属没有回答开放式问题的能力的情况下，可以考虑用诱导式问题启发下属。

一般管理者和教练式管理者的区别见表 4-3。

表 4-3　一般管理者和教练式管理者的区别

情境	一般管理者	教练式管理者
下属犯了错	关注重点在于下属的错误，直接批评	关注重点在于下属犯错的原因，鼓励改正
下属表现不佳	关注重点在于下属的具体表现	关注重点在于下属表现不佳的原因
下属针对自己遇到的问题寻求指导	直接告知解决问题的方法	启发下属自己寻找解决问题的方法
下属获得了亮眼的成绩	给予表扬	给予激励（物质激励＋精神激励）
下属感觉迷茫，找不到努力的方向	要求下属以他人为榜样	建议下属与过去的自己进行比较

总之，销售管理者的目标是带领团队完成任务，围绕这个目标，销售管理者不仅应该管理好下属，还应该管理好自己的时间、精力与工作方法。

Chapter 05
第 5 章

会议管理：如何制定高效的会议制度

5.1 组织会议：会议与销售会议

5.1.1 会议的定义与演变过程

会议，通常指有组织、有领导、有目的的议事活动，是在限定的时间和地点，按照一定的程序，组织相关人员进行的团体交流活动，主要功能包括协调工作、决策事宜、交流信息、展示产品/服务、实施教育等。

会议一般包括议论、决策、行动3个要素，追求会而有议、议而有决、决而有行，否则就是浪费时间，很可能沦为无效会议。

会议可以由一人或多人主持，参会人员通常为同一行业、同一组织的人，或为了同一个目的聚在一起的不同行业、不同组织的人。会议规模可大可小，大到国际性会议，小到组织内的一对一会议。

原始社会时期，为了解决部落间的争端、协商重要事务，各部落的首领常约定时间、地点，聚在一起商讨大事，这是最早的会议形式。

春秋战国时期，为了针对争议事件达成共识、促成共同行动，各诸侯国频繁组织峰会，因实力和地位有所不同，在这一时期，完全的民主会议逐渐减少。

随着经济的发展、社会的进步，会议的形式、规则逐步演变，出现了各种现代会议形式，包括线下会议（圆桌会议、研讨会、论坛、听证会等），线上会议（视频会议、电话会议、直播式会议等），新型协作会议（敏捷站会、设计冲刺、世界咖啡等），虚拟现实（VR）会议，异步会议等。如今，线上会议、虚拟现实（VR）会议迅速发展、普及，不仅可以节省参会人员的往返时间，还可以节约会议组织方的场地租用、食宿安排等成本，提高工作效率。

5.1.2 销售会议的基本情况

所谓销售会议，指在企业内部或企业之间定期或不定期举行的，旨在讨论销售业绩、市场策略、产品推广、客户反馈、部门协作等情况的团体交流活动。

根据销售会议的定义可知，不同于其他会议，销售会议的召开目的性非常强。具体而言，销售会议的召开目的包括但不限于分析市场动态、鼓舞团队士气、统一/优化销售策略、跟进销售目标、提高销售业绩、分享销售技巧、评估客户反馈、加强团队合作等。

在现代社会，会议已经成为工作、学习中不可或缺的一部分，能否开好销售会议，有时会直接影响企业能否顺利实现既定的销售目标。因此，作为销售管理者，必须重视销售会议的组织与落实。

5.1.3 销售会议的类型

根据销售会议的召开频率，可将其笼统地分为定期会议和不定期会议。

定期会议包括晨会、夕会、周例会、月度会、季度会、年度会等。

不定期会议包括一对一会议、表彰会、过单会、复盘会、沙盘会、谈判会、展销会、经验分享会、学习研讨会、头脑风暴会、产品知识分享会、跨部门沟通会等。

在 5.3 节中，我们将对常见的、重要的销售会议进行详细解析。

5.2 开会技巧：如何开好销售会议

既然销售会议如此重要，那么，到底应该如何开好销售会议呢？

5.2.1 明确会议目标

召开销售会议的前提是明确会议目标。

会议目标应该与企业的销售战略和销售目标一致，以便为参会人员提供明确的行动方向。

明确会议目标，有利于更好地确定参会人员，以及会议形式、内容，更高效地解决对应的销售问题。

5.2.2 确定会议形式

会议形式、内容和参会人员息息相关。

如果大部分参会人员在同一地点，如企业总部，最高效的会议形式是在会议室内召开线下会议。在线下会议中，参会人员可以畅所欲言，主持人能够随时观察参会人员的状态，获得最快速的反馈，在提高会议效率的同时降低沟通成本。

如果大部分参会人员不在同一地点，就需要召开线上会议。在5G网络和光纤宽带的加持下，如今，线上会议的普及度越来越高。

5.2.3 制定会议议程

制定会议议程时，应充分考虑会议目标和参会人员的需求。

会议议程应包括来宾签到、主持人开场、相关人员讲话、小组讨论、互动分享、总结回顾等环节，以确保参会人员能够进行充分的交流、讨论。注意，制定会议议程时应合理控制各环节的时间，避免会议时间过长、参会人员过于疲惫。

5.2.4 确定会议时间和地点

确定会议时间和地点是非常重要的事，在一定程度上影响着会议的参与率和效果。

针对会议时间，各企业应根据自身情况合理安排。有些企业认为销售的工作日的正常工作时间（多为朝九晚五）比较宝贵，需要充分用于走访客户，所以会将会议安排在工作日下班后或周末。

针对会议地点，应选择方便参会人员到达的场所，最好有大小合适的空间和舒适的环境，此外，完善的多媒体设备也很重要，会议组织者需要提前对设备进行调试，以确保会议顺利召开。

5.2.5 发送会议通知

销售会议的参会人员主要为相关业务的销售管理者、一线销售，以及辅助部门的代表人员。

发送会议通知时，应确保被通知到的参会人员与会议主题有较强的关联性。部分与会议主题关联性弱的辅助部门的代表人员，比如财务、行政、生产等部门的代表人员，不一定需要到场，可以选择在会后给他们看会议记录。

此外，为了优化销售会议的效果，会议组织者可以邀请行业专家、客户代表等企业外人员参加。在邀请参会人员时，会议组织者应该尽早发出会议通知，明确会议目标、形式、议程、时间和地点，以便参会人员提前做好准备。

5.2.6 准备会议材料

为了确保销售会议顺利召开，会议组织者需要精心准备会议材料。

会议材料通常包括产品资料、销售数据、市场分析报告、竞争对手分析报告等。准备会议材料时，会议组织者需要充分与参会人员沟通，根据参会人员的不同特点和需求，提供有针对性的资料。

如果有需要打印的纸质资料，建议会议组织者提前打印好并送至会议现场，最好多打印几份，以备不时之需。

5.2.7 确保有效沟通

对销售会议来说，确保有效沟通是至关重要的。为了让参会人员畅所欲言地分享经验、解决问题，会议组织者可以安排多种会议交流环节，如小组讨论、圆桌论坛。此外，提供话筒、白板、多媒体设备/软件等工具优化沟通效果、提高沟通效率也是不错的选择。

5.2.8 记录会议要点

想要开好销售会议并做好会议决议的落实，可以安排专人对会议要点进行记录、整理，并鼓励参会人员自行做好这项工作。

记录会议要点是提高会议效能的有效手段。通过记录会议要点，可以更好地理解、回顾、总结会议内容，为后续工作提供依据和支持。

记录会议要点的方式包括书面记录、录音记录等，合理使用科大讯飞的无线鼠标、语音转化录音笔等现代化智能工具不仅可以使会议记录更清晰，还可以实时将会议语音转成文字，为线上参会人员提供实时字幕。

会后，专门负责会议记录的人要及时对会议要点进行整理，并尽快发送给相关人员，确保决议及时执行、落地，消除可能出现的推诿现象。

5.2.9 制订会议后行动计划

制订会议后行动计划是销售会议的重要环节之一。

会议后行动计划包括任务流程、目标、主要责任人、执行人、完成时间、所需要的资源等。制订会议后行动计划是将会议决议转化为工作行动的必要环节，能够为后续销售提供指导和支持。制订会议后行动计划时，主要责任人应重点考虑计划的可行性、可操作性。必要时，可以请会议后行动计划的主要责任人、执行人在最终版工作计划上签字。

5.2.10 评估会议效果

及时评估会议效果对于不断提高会议质量来说是很有必要的。

评估内容通常包括参会人员的反馈、达成共识的情况、工作计划的执行情况、问题的解决情况等。通过评估会议效果，会议组织者一方面可以及时总结经验教训，为日后组织会议提供参考和借鉴；另一方面可以针对评估结果采取相应的措施，改进、完善相关工作，以便进一步提高销售业绩。

5.2.11 会后跟进执行

会后跟进执行经常被忽视，但这一环节有极大的存在必要。如果会后不及时跟进执行，会议效果会大打折扣。

三星会议原则

知名的跨国企业三星集团有一个著名的"三星会议原则"，具体如下：

原则一：明确会议目标（无目标，不会议）。每次会议必须提前设定清晰的目标，如决策、信息共享、问题解决，避免形式化或低效讨论。组织者需要提前发布会议议程，参会人员需要提前准备。

原则二：严格时间管理（会议不超过1个小时）。提倡简短、高效，避免冗长。若需要延长会议时间，必须提前说明理由。准时开始、结束，迟到者可能被拒绝入场。

原则三：明确参会者责任（仅必要人员参会）。仅邀请与主题强相关的人员参会，避免人浮于事。参会人员需要提前研究会议材料，会上必须提出建设性意见。

原则四：结果导向（无结论，不散会）。会议必须产出明确结论或工作计划，指定负责人和截止时间。会议记录需要在24小时内共享，并跟踪执行情况。

原则五：开放沟通（水平式讨论）。鼓励跨级别直言，反对官僚主义。职位高低不影响发言权重。聚焦问题本质，避免推诿或空话。

原则六：技术工具辅助。使用数字化工具，如内部系统或AI摘要，简化会议流程，减少纸质文件。

5.3 定期会议：确保工作顺利推进

5.3.1 晨会

晨会，又称早会，是每天早晨销售管理者召开、一线销售参加的例行短会。正所谓"一年之计在于春，一日之计在于晨"，如果能坚持每个工作日的早晨都开一个简短的销售晨会，不仅有助于一线销售顺利完成当天的工作任务，还有助于鼓舞销售团队的士气，让一线销售超水平发挥。

（1）晨会的特点

和其他会议相比，销售晨会有什么特点呢？

首先，关注状态甚于关注业绩。

保险企业、金融企业、装修企业等以个人、个体工商户等主体为主要销售对象的小微企业常组织召开晨会。因为这些企业的销售每天都会遭遇大量的拒绝、失败，所以晨会更多的是关注销售的状态、情绪，以鼓励、激励为主要内容。

其次，快速、简单、高效。

因为早上的时间比较宝贵，所以晨会时长通常比较短：销售管理者先给予问候、完成回顾、明确计划，再组织互动、完成鼓励/激励，基本就散会了，非常快速、简单、高效。

最后，下沉性强。

晨会一般是单位销售团队的管理者给一线销售开，带多个销售团队的销售总监、销售副总经理等高管很少参与。

（2）晨会的流程

晨会开始之前通常有一个出勤、签到环节，确保所有相关人员按时到场。

销售晨会的具体流程如下。

第一步，问候。

晨会组织者需要精神饱满地问候参会人员，这样才能带动参会人员的情绪。对特别需要鼓舞士气的销售团队来说，晨会组织者可以带个早操，辅助调动大家的情绪。

第二步，回顾。

如果只开晨会，不开夕会，那么晨会应该包括回顾环节。需要注意的是，回顾环节必须简短，一带而过即可，以表扬为主。晨会的重点是当天的工作计划，这一点是不容改变的。

如果既有晨会，又有夕会，晨会中的回顾环节可以省略。

第三步，计划。

晨会组织者一般是销售团队的管理者。因为晨会时长比较短，不适合安排销售轮流发言，所以销售管理者最好要求销售提前使用 CRM 软件、钉钉、微信等工具提交当日工作计划，以便在晨会上统筹安排。

晨会是销售管理者做好过程管理的基础环节，而过程管理首要关注的是每天、每人的工作计划，确保工作计划合理，能够保质保量地得以落实。

第四步，互动。

如果所有有迹象的问题都能通过每日晨会及时解决，企业就不会出现重大问题，因此，在晨会上组织互动、解决问题是非常重要的环节之一。

具体而言，晨会组织者可以针对前一天出现的、比较有代表性的问题组织探讨，以求解决。需要注意的是，组织探讨的时候不要指名道姓，如果问题不具备代表性，不必拿到晨会上探讨，会后与相关销售单独沟通即可。如果把握不好探讨问题的度，该环节很容易异化为批判环节，不仅解决不了问题，还容易让相关销售产生抵触情绪，得不偿失。

在晨会结束前让参会销售提出困扰自己的问题是很多企业的常见安排之一。如果所提问题能够立刻解决，当然是最好的，如果不能，可以鼓励大家会后思考。总之，不要对任何问题进行否定、嘲笑，要集思广益地提高团队的销售工作效率。

第五步，鼓励、激励。

晨会通常以鼓励、激励结尾，以便帮助团队成员斗志昂扬地投入新一天的工作。

有些企业会用风格独特的口号来鼓励、激励团队。如果没有独树一帜的口号，喊"加油"也有一定作用，比如让所有团队成员伸出右手，层层摞起，一起喊3声"加油"。类似的举动看上去有些幼稚，但激励效果往往不错，不妨尝试一下。

(3) 晨会的要求

要求一：精神饱满。

晨会组织者的状态必须好，精神要饱满、情绪要积极，以便把良好的精神面貌和积极的情绪传递给团队成员，带动整个团队精神饱满。

要求二：关注当下。

晨会的关注重点是如何实现当天的工作目标，因此，晨会必须关注当下，为每一位团队成员分配、明确当天的工作任务。

要求三：关注情绪。

晨会组织者需要特别关注团队成员的状态、情绪，如果发现某成员的状态不佳、情绪不稳定，必须在会后与之单独沟通，确保及时解决对方的心理问题，消除不良状态、情绪对当天工作的影响。

要求四：简短、高效。

建议晨会组织者将晨会时长控制为 15～20 分钟，尽量不要超过半个小时。因为上午的工作时间通常较短，有些企业上午九点上班，十一点半就进入午休时段了,若每天都要开的晨会占时半个小时以上,上午很难有工作产出。

要求五:站着开会。

站着开会固然容易累,但有利于提高会议效率、精简会议流程。此外,站着开会能够帮助参会人员更好地集中注意力、保持良好的精神面貌、尽快进入工作状态。

以下3句话,与大家共勉。

第一句:能站着说完的,不要坐下说。

第二句:能在工位旁解决的,不要去会议室。

第三句:能写在便签上的,不要安排写文件。

5.3.2 夕会

夕会,又称晚会,与晨会一样,是可以每天开的会。大多数企业不需要既开晨会,又开夕会,但电销、推销、直销相关企业中的销售团队可以同时安排每天的晨会与夕会,因为这些销售团队中的销售经常被客户拒绝,甚至被客户谩骂,每天都需要承受极大的心理压力,如果销售管理者不及时通过会议对团队成员进行激励、疏导,人员流失率会高得可怕。

因为早上的时间比较宝贵,所以很多企业会选择开夕会,把下班前易懈怠的时间利用起来。那么,夕会和晨会有什么异同呢?

两者的相同点在于流程类似,同样包括问候/开场、回顾/复盘、计划、互动、鼓励/激励等环节。因为傍晚、晚上的时间比早上、上午的时间充裕,所以夕会的时长可以长于晨会的时长,将当天的复盘和次日的计划做深、做细、做透,以便大家第二天能够快速地投入工作。

两者的不同点在于关注点有差异。晨会主要关注当天的工作计划、目标和团队成员的状态、情绪,重点是为团队成员鼓气;夕会则主要关注当天的工作总结、复盘,找出并解决问题,避免第二天继续受相关问题的负面影响。与此同时,在夕会上,销售管理者需要对工作推进不顺利的销售进行安抚,避免其将不愉快的情绪带回家,影响后续工作。

很多企业的销售管理者常被一个问题困扰:如果必须二选一,应该开晨会还是应该开夕会?

晨会和夕会的优劣势分析见表5-1。

表 5-1 晨会和夕会的优劣势分析

	优势	劣势
晨会	(1) 更关注当天的工作计划,利于销售管理者做好过程管理 (2) 良好的鼓励、激励可以让团队成员兴奋一整天,提高工作效率 (3) 团队成员参与度较高,且更便于解决跨部门问题(有些企业要求员工必须打上班卡,如果在外跑业务,可以不打下班卡) (4) 早上的时间较紧,会议效率往往较高	(1) 早上的时间宝贵,开晨会有可能造成有效工作时间的浪费 (2) 晨会需要严格控制会议时长,可能导致问题得不到深度剖析、彻底解决 (3) 前一天的挫折感得不到及时纾解,很容易带到第二天,影响后续工作的状态和情绪

续表

	优势	劣势
夕会	（1）当天出现的问题可以得到及时解决 （2）对会议时长的要求不像晨会那样严格，无论是复盘还是解决问题，都可能更深入、更透彻 （3）当天受挫的团队成员能够获得及时的安抚 （4）利于团队成员状态更佳地投入第二天的工作	（1）对于结果的关注可能超过正常水平 （2）给予表扬后，表扬的激励效果可能很难持续到第二天 （3）如果开夕会导致销售无法准时下班，销售很可能产生抵触情绪

从表 5-1 中可以看出，晨会和夕会各有利弊。因此，各企业的管理者视所在企业的具体情况决定会议安排即可。

因为晨会更关注当天的工作计划，更利于过程管理，且对士气有更强的激励作用，所以在二选一的情况下，我更建议企业管理者安排每日开晨会。

5.3.3 周例会

周例会，顾名思义，是以周为周期召开的例行销售会议。周例会通常由销售团队的管理者组织召开，参会人员以一线销售为主。周例会是对上周工作进行总结并为当周工作制订计划（对当周工作进行总结并为次周工作制订计划）的重要会议之一，尤其适合一线销售经常出差或长期驻扎外地的企业组织召开。

（1）周例会的特点

周例会的时间跨度比晨会、夕会的时间跨度长，比月度会的时间跨度短，属于时间跨度居中的例会。如果说月度会主要关注结果管理，晨会、夕会主要关注过程管理，周例会便是能兼顾结果管理与过程管理的销售会议。

周例会通常在周一上午召开，因为这个时间段，大部分客户企业也在开会，销售的电话沟通需求相对较少。不过，也有企业会选择在周五、周六召开销售周例会，原因是一周的工作接近尾声，这时召开销售周例会，能更及时地解决周内工作中出现的问题。

周例会的形式有很多，最常见的是在企业内部组织召开的线下会议。线下周例会便于参会人员及时沟通、交流，是效率较高的周例会形式。对不方便将相关人员集中在一处的企业来说，线上会议也是周例会的可选形式之一。对线上会议来说，召开时间更灵活，参会人员的时间协调压力更小。

（2）周例会的流程

销售周例会的具体流程如下（以在每周一召开周例会为例，如遇在周五、周六召开周例会的情况，自行将"上周"替换为"本周"，将"本周"替换为"次周"即可）。

第一步，主持开场。

虽然周例会组织者不用像晨会组织者一样精神饱满地开场、调动参会人员的情绪，但是积极、良好的工作状态是必须的，以便帮助参会人员全情投入。

第二步，表彰、鼓励。

开场后，周例会组织者需要对上周工作表现突出的团队成员进行表彰，以便鼓励优秀者保持优秀、推动落后者自觉检讨，达到正向激励团队的目的。

第三步，轮流汇报。

轮流汇报的重点是对上周工作进行回顾、总结：一方面聚焦工作成果评估，另一方面努力发现问题、解决问题。简单地说，各销售使用"周销售目标过程管理卡"梳理自己的工作情况并完成汇报即可。

销售轮流汇报的过程中，周例会组织者最好不要有中途打断的行为，待所有销售汇报结束，周例会组织者进行一个简短的总结性点评即可。

第四步，解决问题。

全体参会人员轮流汇报结束后，周例会组织者必须组织大家及时解决暴露的问题。注意，针对问题的态度，周例会和晨会、夕会截然不同。晨会、夕会对时间的控制要求较高，部分难点问题可以留待会后思考；周例会对问题的妥善解决要求较高，以防止同样的问题持续影响工作效率。

注意，解决问题不是批评、追责，切忌将周例会开成批判会。如果问题的出现导致成本增加、客户流失，销售管理者要带头承认错误，以便参会人员更好地把注意力集中在解决问题上。

第五步，计划（本周）工作。

周例会最重要的议程是对本周工作进行分解、分配，明确各销售本周的具体工作，并量化业绩目标。因此，参加周例会前，各销售需要把本周的"周销售目标过程管理卡"填好。

通常，本周的工作计划也需要轮流汇报，部分企业会将这一步与第三步合并——各参会人员先对上周工作进行回顾、总结，再汇报本周的工作计划。合并这一步和第三步，汇报效率确实会比较高，但很容易导致大家忽视上周工作中出现的问题。

到底是否合并这一步和第三步，周例会组织者需要视企业情况而定。

第六步，主持总结。

周例会组织者需要将企业的销售要求下达给参会人员，并对会议要点进行简要总结、对本周工作提出框架性要求、对各项工作内容的责任人进行明确等。

第七步，跟踪进度。

做好会后的工作进度跟踪，确保工作计划落实到位，才算是真正做到了会议闭环。因此，会后，一定要关注各时间节点，及时跟进工作计划落实情况，确保会议决议执行到位。

具体来说，跟踪工作进度，至少需要做到以下 3 点。

首先，抄送会议记录。会后，会议组织者需要及时安排文秘人员将会议记录抄送相关人员，提醒其执行。

其次，强调时间节点。执行过程中，会议组织者需要在重要时间节点询问执行进度，做好督促工作。

最后，落实到期核对。在次周的周例会开始之前，会议组织者需要与相关人员核对前期工作的完成情况，一方面帮助相关人员养成会后即刻行动的工作习惯，另一方面杜绝在周例会上反复探讨同样问题的现象。

周例会不像晨会、夕会一样频繁，也不像月度会一样松弛，是既关注过程管理，又关注结果管理，确保销售团队顺利实现销售目标的首选销售会议。只要坚持把周例会开好，每周都能及时解决工作中的问题，完成月度业绩任务、年度业绩任务是水到渠成的事。

5.3.4 月度会

月度会是以月为周期召开的例行销售会议，通常由销售总监、销售副总经理等企业高管组织召开，参会人员以单位销售团队的管理者为主。部分规模较小的企业会给全体一线销售开月度会，在既不开晨会、夕会，又不开周例会的小型企业，这种规模的月度会比较常见。

（1）月度会的特点

月度会的间隔时间较长，不利于过程管理，因此不建议单位销售团队的管理者只为一线销售开月度会。

通常，月度会由二级及以上的管理者组织召开，如果企业的组织架构有5级，即销售—销售经理—销售总监—销售副总经理—总经理，那么，一般由销售经理负责组织召开晨会、夕会、周例会，由销售总监负责组织召开月度会，由销售副总经理负责组织召开季度会，由总经理负责组织召开年度会。

如果企业规模比较小,组织架构只有3级,即销售—销售经理—总经理,那么,一般由销售经理负责组织召开周例会,由总经理负责组织召开月度会和年度会。

(2) 月度会的流程

月度会应该怎么开,和周例会有什么区别呢?其实,月度会和周例会在流程上没有太大的区别,最明显的不同是多了一个"会议准备"环节,少了一个"计划工作"环节。销售月度会的具体流程如下。

第一步,会议准备。

因为月度会一个月才开一次,参会人员的层级相对较高,企业更加重视,且时间、地点都有不确定性,所以召开月度会之前,要做好一系列准备工作,包括确定会议内容、下发会议通知、完成会场布置等。

第二步,主持开场。

与周例会组织者一样,月度会组织者不用像晨会组织者一样精神饱满地开场、调动参会人员的情绪,毕竟参与月例会的人员多是管理者(基层管理者及以上),比起激情,更重要的是大局观、决策能力。

月度会的开场需要特别强调一下会议议程,尤其是会议大概在什么时候结束,以便各级管理者合理安排会后工作。

第三步,表彰、鼓励。

开场后,月度会组织者需要对工作表现突出的团队成员进行表彰、鼓励。开会是表彰、鼓励员工的最好时机,在这种环境中,获得表彰、鼓励的员工会有更强烈的荣誉感。需要注意的是,表彰、鼓励优秀员工时，以树立榜样为目的，不要同时批评其他员工，以免打击被批评员工的工作积极性。

第四步，轮流汇报。

在月度会上，各级管理者要轮流汇报团队工作情况。由于整月的工作量比较大，汇报时可以酌情使用PPT投屏等方式，量化数据，让工作情况一目了然。

与周例会相同，各级管理者轮流汇报的过程中，月度会组织者最好不要有中途打断的行为，待所有管理者汇报结束，月度会组织者进行一个简短的总结性点评即可。

第五步，解决问题。

召开月度会的目的之一是发现并解决问题，尤其是涉及企业发展方向的重大问题、可能影响企业效益的棘手问题。针对各种问题，月度会组织者可以组织参会人员集体讨论，或分小组研讨，以便提出解决方案，形成合理的工作计划。工作计划应该包括项目负责人、执行人、执行内容、时间节点等重要信息。

与周例会相同，解决问题不是批评、追责，切忌将月度会开成批判会。防止再犯同样的错误，才是该环节的设置目的。

第六步，主持总结。

在月度会的最后，月度会组织者需要对会议的主要议题进行回顾、总结，并提出期望，帮助大家改进工作方法，取得更优异的成绩。

第七步，跟踪进度。

如前文所述，会议散场不是会议终点，做好会后的工作进度跟踪，确保工作计划落实到位，才算是真正做到了会议闭环。因此，月度会后，各级管理者依旧要重点关注各工作时间节点，及时跟进工作计划落实情况，确保会议决议执行到位。

晨会、夕会、周例会，参会人员以一线销售为主，月度会，参会人员则以各级销售团队的管理者为主。企业管理者一定要合理协调各会议的组织人员、参会人员，避免出现有人一个会接着一个会，完全没有时间跑业务/强化管理的情况。

月度会关注的是月度销售目标的计划情况、执行情况、实现情况，相对其他会议而言，是最重要的销售会议。如果企业打算只开一种销售会议，我的建议是开月度会。

5.3.5 季度会

季度会是以季度为周期召开的例行销售会议。一年有 12 个月、4 个季度，每 3 个月对工作进行一次总结和回顾，利于后续工作的开展和年度销售目标的实现。

季度会与月度会，无论是流程还是内容，都基本一样。对按期召开月度会的企业而言，召开季度会的必要性不大。

季度会的流程，我们不再赘述，唯一需要特别建议的是，季度会的间隔时间比较长，企业管理者可以考虑借机安排内部培训，比如产品知识培训、销售技巧培训、管理技能培训。

5.3.6 年度会

年度会可分为半年度会议和年度会议,即年中会和年度总结会。如果企业只有月度会,没有季度会,建议组织召开年中会。

对年中会来说,参会人员可以限制为销售经理及以上层级的管理者;对年终总结会来说,参会人员可以放宽至全员。结合表彰、晚宴、文艺表演和抽奖,企业甚至可以合并年终总结会和年会。

通常,销售年度会需要企业的总经理/总裁亲自参加并主持,因为销售线是很多企业的命脉,企业的总经理/总裁的出场/主持能够体现企业对销售工作的重视。

与季度会和月度会相比,年度会的汇报人级别有所提高(从销售经理升级为销售总监,甚至销售副总经理),且增加了对企业全年销售目标的明确和分解环节,有时,各销售区域的负责人还需要签署"军令状",认领所负责区域的全年销售任务。

年度会增加环节的具体流程如下。

第一步,提报目标。

各销售团队负责人根据前一年的任务完成情况及未来的市场预期向销售副总经理提报新一年的销售目标,包括所领导销售团队的年度销售目标、月度销售目标,以及各团队成员的个人年度销售目标和月度销售目标。

第二步,明确并公开目标。

企业管理层结合实际情况讨论并修订各销售团队负责人提报的销

售目标后，在年度会上公开企业的年度销售目标。

企业可以同时公开两个年度销售目标，一个保底目标，一个冲刺目标。比如，设定保底目标为 1 亿元，设定冲刺目标为 1.2 亿元。保底目标比较容易实现，能够提高一线销售完成任务的信心；冲刺目标具有挑战性，能够激发一线销售的挑战欲望和热情。

第三步，分解目标。

明确并公开目标后，即可进入分解目标环节——明确各销售团队的销售目标。各销售团队的销售目标相加，应该与企业销售目标一致。

第四步，签署"军令状"。

完成目标分解后，可以安排各销售团队负责人上台签署"军令状"（销售目标实现确认函），增加仪式感、加强约束力。

签署"军令状"环节可以与表彰环节一起设置，公开、正式表彰，有利于鼓励参会人员积极挑战更高的目标。

5.4 不定期会议：立刻解决问题

除了晨会、夕会、周例会等定期召开的会议，还有一些可以根据实际情况不定期召开的会议，比如一对一会议、表彰会、过单会、复盘会、沙盘会，接下来分别介绍这些不定期会议。

5.4.1 一对一会议

一对一会议类似于一对一沟通。销售工作比较特殊，因为销售每天要见很多客户，经常受挫、被拒绝，如果销售管理者不及时与下属沟通，说不定需要面对的就是下属在无法承受压力的情况下提出的辞职申请。

那么，如此重要的一对一会议有什么特点？销售管理者直接找一线销售谈话算不算一对一会议的形式之一呢？

销售管理者直接将一线销售喊到自己的办公室里谈话只能算日常沟通，不能算一对一会议，因为既然是会议，就要有明确的流程，一对一会议的议题、目的等，销售管理者必须提前告知开会对象，让开会对象做好充分的开会准备。

总体而言，与日常沟通相比，一对一会议有 3 个特点：提前通知、流程明确、平等沟通。此外，如果会议的议题十分重要，开会时还要做好会议记录，以便后期能够跟踪工作进度，确保工作计划落实到位，完成会议闭环。

5.4.2 表彰会

表彰会主要用于对表现出色的员工进行公开表扬，在企业内部树立榜样，营造积极的竞争氛围。

表彰会的流程很简单，通常与月度会、季度会、年度会结合召开。这里，我们不赘述表彰会流程，只重点介绍几个会议细节。

（1）提前明确表彰项

表彰项需要提前明确，让大家有一致的努力方向。比如，提前宣布月度会要表彰销售冠军、最佳新人、顶级优质订单等，鼓励大家积极争取各项荣誉。

表彰项可多可少，各企业根据自己的业务规模和员工数量进行合理设置即可。

(2) 精神、物质两手抓

表彰时，不仅要颁发荣誉证书，还要发奖金、奖品，以便真正起到激励作用。

(3) 多准备一份奖品（用于寄出）

同样的荣誉证书，可以制作两份，一份在表彰会现场颁发给员工，另一份寄给员工的父母。让员工的父母为子女感到骄傲，从另一个角度给予员工更多的激励，会有极佳的效果。

(4) 设置光荣墙

在企业内部设置光荣墙，张贴获得荣誉的员工的照片，并写明荣誉事迹，能够起到长效的激励作用。

(5) 个人表彰与团体表彰结合

既设置个人表彰，又设置团队表彰，不仅能激励个人，还能激励团队，让团队成员更紧密地相互督促、共同进步。

5.4.3 过单会

过单会和复盘会可合称"销售两会"，是过程管理中非常重要的两种会议。开好过单会，能够显著提高成单率，但在实际工作中，过单会很容易被忽视，或因为时间紧、杂事多等原因被销售管理者优先取消。

什么是过单会呢？

过单会的主要内容是销售管理者组织一线销售集中梳理某个时间

周期内有意向成交却还未确定成交的订单，找出未确定成交的原因，推动成交。

过单会的召开周期视企业的具体情况而定。通常，直接面向个人消费者（终端用户）的企业可以固定在每天下班前召开简短的过单会；面向其他企业或机构客户的企业可以每周或每月召开一次过单会，固定为周例会或月度会的环节之一。

（1）过单会的流程

过单会的具体流程如下。

第一步，会议通知。

提前通知开会时间、地点、主题、流程等，给参会人员留出充分的准备时间。

第二步，轮流汇报。

安排参会人员轮流汇报既定周期内有意向成交却还未确定成交的订单的情况，包括拜访/接待情况、成交阻力所在、报价情况、还价情况等，越详细越好，以便大家协助分析未确定成交的原因，推动成交。

第三步，单个点评。

过单会和周例会、月度会不同，周例会、月度会是全员汇报完毕后，会议组织者统一点评，过单会则是每个人汇报完毕立刻接受大家的点评/建议。

在过单会上，所有参会人员都要积极帮助汇报人寻找未确定成交的原因，集思广益地提出解决问题的方案。在帮助他人解决问题的同时，所有参会人员都能得到反思自己工作中的问题的机会，触类旁通，说不定自己遇到的销售问题也能迎刃而解。道理很简单，身在局中时，容易一叶障目、思路受限，与他人探讨案例时，则往往能灵光一闪，发现问题并明确解决思路。

第四步，确定方案。

找到未确定成交的原因后，过单会组织者可以调动所有参会人员帮助汇报者制订详细的跟进方案、解决方案。是让汇报者继续尝试自己解决问题，还是拨派人员协助解决问题？需要明确方案、策略。

第五步，跟进结果。

过单会结束后，销售管理者需要定期跟进订单的成交进度，以便切实帮助下属及时调整沟通策略，完成成交。

换人对接，顺利签单

有一次，我参加一家环保企业的过单会，听到了一位销售新人的销售情况汇报。这位销售新人汇报道，他已经拜访了一位优质客户3次，就在过单会的前一天，这位客户委婉地拒绝了他，且不肯告诉他拒绝合作的原因，他觉得很挫败、很可惜，也很疑惑。

我觉得这是一位值得再次尝试争取合作的客户，便在过单会后以销售经理的名义给这位优质客户打了一个电话，询问对方拒绝合作的原因。电话中，客户说了实话——之前与他对接的销售太年轻，沟通过程中时常有不专业的表述，让人不太放心。

明确原因后，我建议销售经理将与这位优质客户对接的工作转

> 给资深销售（同时给未成单的销售新人一些沟通难度较低的客户资源），一个月后，这位客户正式与这家环保企业签署订单。

（2）过单会的注意事项

对过单会而言，以下 3 点需要特别关注。

第一，过单会的参会人员非常明确。

过单会应仅限销售管理者及一线销售参加，以提高会议效率。财务、行政、生产等部门的代表人员均不需要参加过单会，就算过单会上偶尔会提及与这些部门有关的事项，会后及时与相关人员沟通即可。

第二，开过单会的过程是集思广益的过程。

过单会的点评环节不应该只有会议组织者 / 销售管理者发言，所有参会人员都应该积极地帮助汇报人找问题、想对策。一个人的经验再丰富，也有局限性，集思广益，才能获得最佳会议效果。

第三，切忌将过单会开成批判会。

在过单会上，一旦出现抱怨、指责的声音，会议组织者 / 销售管理者一定要立刻出面纠偏，将大家的关注点扳回解决问题上来。只要有将过单会开成批判会的先例，过单会的参会人员就很可能会变得不敢、不愿意讲真话。

5.4.4 复盘会

（1）复盘的概念

复盘，又被称为"复局"，起源于围棋领域，最早指对局完毕，复演对局过程中的操作步骤，目的是明确对局中的招法优劣与得失，帮助棋手提高对弈水平。如今，复盘已被应用于诸多领域，包括个人生活、职业发展、项目管理、团队合作等，代指反思、反省、自我审查行为。

复盘，能够为学习、成长提供有价值的反馈。

较早将复盘运用在企业管理中且较成功的企业案例是联想集团。联想集团的创始人柳传志曾公开分享：联想集团非常重视复盘，做一件事情，大到战略制定，小到计划执行，不管结果是失败的还是成功的，都要重新思考一遍，此举非常有利于提高自己的各项能力。

柳传志的管理方法论

联想集团的创始人柳传志将其经营思想和联想集团的企业文化提炼为三大方法论，具体如下。

其一，搭班子、定战略、带队伍。

"搭班子"指优先建立核心领导团队，强调班子的凝聚力和价值观统一。"搭班子"是决策、执行的基础。

"定战略"指在班子成员达成共识的基础上制定清晰可行的战略目标，包括短期规划和长期规划。

"带队伍"指通过塑造企业文化、完善激励机制、做好人才培养确保团队有足够的执行力和战斗力。

这一方法论被认为是联想集团在管理方面的核心框架。

其二,做好复盘工作。

及时对已完成项目或决策进行系统性回顾,分析成败原因,总结经验教训,以优化未来行动。联想集团将"复盘"制度化,成功塑造了持续改进的学习型企业文化。

其三,重视管理三要素。

所谓"管理三要素",指的依旧是第一点中的"搭班子、定战略、带队伍",但这里更强调三者的动态循环和互动关系,是联想集团管理体系的基石。

在上述管理方法论的基础上,联想集团总结出了非常精辟的复盘四步和20字方针,如图5-1所示。

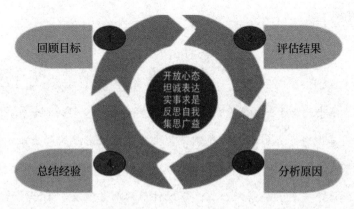

图5-1 联想集团的复盘四步和20字方针

（2）复盘会的意义

常见的复盘有 3 种，分别为自我复盘、团队复盘、他人复盘，本书主要着眼于团队复盘。

复盘会是一种以总结经验、分析问题、优化决策为目的的团队会议形式，通常在项目结束后或阶段性工作完成后召开，核心是通过系统化的回顾与反思提炼经验教训、指导未来行动。具体到销售复盘会上，一方面是总结成功经验，另一方面是找出做得不够好的地方，以便下次改进。在实际工作中，销售复盘会多在重要业务成交失败后召开，以便通过及时讨论与分析，找出失败原因，细心规避。

复盘会与过单会有相似之处——两者都是在找问题。不过，复盘会找问题的目的是防止下次再犯同样的错，过单会找问题的目的是提高成单的可能性。

复盘会，可以说是最好的团队学习会议，因为复盘会找到的问题通常是亟待解决的真实问题，将这些问题彻底解决后，后续工作会顺利很多。

失单复盘

张平就职于一家汽车配件厂，是该厂齿轮销售部的业务员。这家汽车配件厂是以汽车齿轮制造为主要业务的老牌民营企业，长期给大众、奔驰等知名汽车厂商供货。随着新能源技术的快速进步、新能源汽车的广泛普及，该汽车配件厂的业务量有所下降，曾经牢固的客户关系变得岌岌可危，在这种情况下，张平和同事都增加了寻求新客户的任务，以期终止业务量的下降趋势。

与国内多家新能源汽车厂商接触后，张平锁定了一家龙头汽车厂商。经过多次接触，客户表达了合作意向，接受了样品。然而，几番沟通后，客户最终决定与另一家汽车配件厂达成合作。与这一客户失之交臂后，张平感到非常郁闷，张平所在企业的总经理了解到这一情况后，立刻组织了一次复盘会。

复盘会由企业的徐总经理发起，参会人员有销售部全员、技术部陈工、行政部小许，时间是周一下午两点，地点是企业内的第二会议室。

会议由徐总经理主持，张平简述了与客户接触、制作样品、报价等一系列工作，行政部小许和技术部陈工给予了补充。企业内的工作流程听上去没有任何问题，但在不断追问、反思的过程中，大家发现，截单的竞争对手企业内有一个去年从本企业跳槽过去的销售，对本企业非常熟悉。由此可见，问题可能出在知己知彼上——本企业对竞争对手企业一无所知，但竞争对手企业对本企业了如指掌。

徐总经理获知这一情况后，决定找这位跳槽过去的销售聊一聊。因为当年该销售是徐总经理亲自招聘、指导的，所以两人的关系一直不错。徐总经理拨通该销售的电话，了解了事情的前因后果——张平接触的客户方负责人是一个基层员工，竞争对手企业接触的客户方负责人则是采购部经理，即有合作决定权的人，在价格更有优势的情况下，客户自然会选择竞争对手企业。

> 如此一来，失败的原因就很明显了，其一是缺乏对竞争对手的了解，其二是没有选对对接人，其三是没有价格优势。

（3）复盘会的好处

在销售工作中，召开复盘会的好处主要有以下 3 点。

第一，获得深度学习的机会。

通过团队复盘，可以更深入地明确沟通、合作的底层逻辑，让全员获得深度学习的机会。

第二，明确失败背后的原因。

虽然无论是成功还是失败，都需要及时复盘，但针对失败的复盘意义更大——可以通过查找并明确失败原因，避免再犯类似的错误。

第三，总结成功背后的经验。

总结成功背后的经验，有利于降低成功的偶然性，稳定地提高工作能力。

（4）复盘会的角色

复盘会大多以明确的项目为探讨对象，参会人员与常规会议的参会人员不同，通常包括主持人、当事人、参与者、记录员等会议角色。

角色一：主持人。

复盘会的主持人不一定由销售管理者担任，既可以是一线销售，又可以是生产、行政等部门的代表人员。之所以如此，是因为复盘会的主持人和常规会议的主持人的任务不同，常规会议的主持人要兼顾统筹和决策，复盘会的主持人则只需要做好引导工作，负责不断提问、设问。复盘会的走向不一定是主持人在控制，参会人员可以共同对其施加影响。

角色二：当事人。

当事人通常是整个项目的负责人，需要在复盘会上对项目的情况进行最清晰的描述，以便参会人员能够快速、高效地了解项目全貌，协助当事人解决问题。

角色三：参与者。

参与者是除了项目负责人的项目亲历者，比如行政人员、技术人员，甚至财务人员，参与者可以帮助当事人补充项目细节。

注意，没有亲历项目的人，比如销售经验丰富的资深销售，也可以参加复盘会，用自己的经验帮助当事人明确问题及解决方案。

角色四：记录员。

记录员通常由行政人员担任，主要工作是全面记录会议过程，形成经验分享文件，让未参会的销售也有学习机会。

总之，复盘强调的是"集思广益"。不同岗位、不同角色的人看同一件事，会有不同的感悟和理解，因此，所有企业内部人员都可以参加复盘会。

（5）复盘会的流程

复盘会的召开随机性比较大，任何项目结束后都可以立刻召开复盘会，因为如果间隔时间长了，大家很难回忆起项目细节。

销售复盘会的具体流程如下。

第一步，会议通知。

任何正式会议，都需要提前通知。复盘会的召开随机性比较大，但召开之前也必须有明确的通知，以便给参会人员充分的准备时间、空间。

第二步，回顾目标。

回顾目标的目的是以终为始——只有目标明确，结果与目标之间的差距才明了。

回顾目标的过程，通常是主持人提问、当事人回答、参与者补充的过程。

第三步，结果对照。

针对失败的项目，复盘的重点是找问题，明确结果与目标之间的差距。

针对成功的项目，复盘的重点是总结经验，帮助更多同事掌握成功的技巧。

第四步，叙述过程。

明确结果与目标之间的差距后，紧接着要做的不是分析差距原因，而是请当事人完整地讲述一遍项目过程，帮助参会人员了解前因后果。在当事人讲述的过程中，主持人可以随时提问，参与者可以随时补充，记录员要做好全程记录。

第五步，问题分析。

问题分析是复盘会最关键的环节，问题分析不透，就很难得到彻底解决。无论是成功还是失败，都有其原因，做好问题分析，才能显著进步。

> ### 层层深入的复盘对话
>
> 主持人：你觉得导致失败的原因是什么呢？
>
> 当事人：我认为最主要的原因是价格原因，我们的报价太高了。
>
> 主持人：为什么这么说？有什么依据吗？
>
> 当事人：因为客户没还价。按照正常流程，我们报价后，客户是会还价的，丝毫没有还价沟通，说明价格远超客户预期。而且，据我所知，竞争对手企业的报价比较低。
>
> 主持人：除了价格原因，还有别的可能的原因吗？
>
> 参与者（技术部代表人员）：有没有可能是因为我们提供的成功案例不够多？据我了解，竞争对手企业的专业性更强，且服务的类似企业更多。
>
> 主持人：那么，再遇到类似的项目，我们应该怎么做呢？
>
> ……

第六步，提出方案。

完成问题分析后，一定要及时、有针对性地提出改进方案。改进方案不能仅有不应该怎样、应该怎样，还要有详细的改进措施、步骤。

第七步，复盘归档。

复盘会结束后，记录员要完成对会议记录的归纳、总结，明确失败原因和成功经验，且针对失败原因，必须明确一对一的改进方案。做好复盘归档工作，能避免重蹈覆辙，使偶然成功成为常态成功。

以上七步是销售复盘会的完整流程。

建议所有销售管理者在自己的团队中建立复盘制度，组织团队在每一次重要项目结束后开复盘会。无论项目是成功还是失败，都可以开复盘会：成功时，复盘成功的经验、明确改进的空间；失败时，复盘失败的原因、总结失败的教训。一开始，可以由销售管理者亲自担任复盘会的主持人，慢慢地，销售管理者可以将组织工作交给其他人，自己参会、旁听。

5.4.5 沙盘会

（1）沙盘会的概念

沙盘最早被用于战争，是根据地形图、航空图片或实地环境，按一定的比例关系，用泥沙等材料堆制的模型。沙盘具有立体感强、形象、直观、制作简便、经济实用等特点，主要供指挥员研究地形和作战方案、演练战术使用。

如今，沙盘正逐渐被应用在企业模拟经营等场景中。在模拟推演的过程中发现可能遇到的问题、验证应对策略的正确性是一件性价比极高的事，因为即使失败了，也没有金钱方面的损失，比在真实的运营工作中失败好得多。

在项目结束后开的会是复盘会，对应复盘会，在项目开始前开的以模拟项目进程为目的的会是沙盘会。

销售沙盘会指销售团队在项目开始前内部组织的、模拟项目进程的、预判谈判走向和问题的销售会议，目的是预判客户的行为、反应，针对可能出现的问题，提前准备应对措施。

沙盘会的角色和复盘会的角色类似，包括主持人、当事人、参与者、记录员，此处不再赘述。目标项目的参与者都应该参加沙盘会。

（2）沙盘会的好处

召开沙盘会的好处至少有以下3点。

好处一：预判项目问题。

在沙盘会上，应该针对项目问题进行预判，寻找可能存在的漏洞，进行最充分的应对准备。相关准备包括话术准备、角色准备、让步准备、预案准备等。

好处二：模拟项目流程。

在沙盘会上，应该全面模拟项目流程，预判一切可能出现的情况，制订多套应对方案，以便正式推进项目时能掌握主动，牢牢把控项目进度。

好处三：提高项目成功率。

反复推演项目流程，准备多套应对方案，能大幅提高项目成功率。在准备充分的情况下，即便项目失败，也能将损失降到最低。

（3）沙盘会的流程

到目前为止，市面上还没有销售、谈判类图书讲过如何将沙盘运用到销售、谈判过程中，那么，销售领域的沙盘会到底应该怎么开呢？

销售沙盘会的具体流程如下。

第一步，会议准备。

因为沙盘会针对的往往是明确的项目，所以召开沙盘会之前，要进行充分的准备，比如了解项目进度、谈判目标，熟悉谈判对象。

第二步，确定角色。

沙盘会的过程是对即将推进的项目进行预演的过程，因此，沙盘会有一些必备角色，通常包括主持人、客户（扮演）、销售（扮演）、记录员。

其中，主持人多为销售管理者，需要对项目有一定的了解；客户的扮演者必须是既了解客户，又了解项目进度的人，最好是项目的实际负责人；销售的扮演者应该是参加项目推进的工作人员，比如企业的技术人员；记录员既可以是行政人员，又可以是其他销售。

第三步，模拟谈判。

确定角色后，即可开始进行模拟谈判准备——首先，由客户的扮演者介绍项目进度、谈判目的，以及真实客户可能提出的要求；其次，模拟场景，安排座位，各角色就位；最后，准备全情投入场景模拟。

在模拟谈判的过程中，应尽量多地预判客户可能提出的要求和实际谈判中可能出现的变化，提前思考应对策略。需要重点模拟的谈判过程是讨价还价的过程——预判客户的底线，明确自己的底线和让步步骤。

针对让步，有两个技巧需要掌握：第一，让步决定不能由一线销售给出，如果场景中只有一线销售，一线销售可以通过电话请示"争取让步空间"；第二，让步的同时要提出一个要求，相关内容我们在4.3节中介绍过，此处不再赘述。

第四步，讨论应对方案。

通过模拟谈判预判很多可能性后，要逐一讨论、确定应对方案，并将各种应对方案记录在案，方便所有参会人员复习、记忆。

事前有沙盘会，事后有复盘会，如此操作，可以最大限度地规避损失。

总之，开好会是销售管理者的重要技能，既有利于确保销售目标的实现，又能起到上传下达、分解计划、解决问题、鼓舞士气、纠正错误、提供支持、奖优罚劣、推动跨部门沟通等作用。

Chapter 06
第 6 章

学习管理：如何确保岗位价值的增值

6.1 向成功学习：正确的方法与反复练习

6.1.1 学习的意义

想要成为优秀的管理者，必须有谦虚好学的学习心态；想要成为优秀的销售管理者，还要有终身学习的意识和态度。对销售管理者来说，不断精进尤其重要——销售管理岗位是技能型管理岗位，不管是管理能力还是业务能力，有其一不如下属，销售管理者就很难服众。因此，作为销售管理者，不仅要掌握管理技能，还要掌握大客户谈判技能、沟通技能，以及销售标的所属行业的专业知识。一句话总结：销售管理者要比下属更懂管理与销售，要比客户更懂产品。

所有学习方法中，最有效、最快捷的学习方法是向成功者学习，因为成功者之所以成功，不仅得益于他足够努力，还得益于他努力的方向、使用的方法是正确的。将正确的方法变为自己的习惯，往往能更轻松地获得成功。

意料之外的乒乓球败局

一个周末，我去拜访一位事业上很成功的朋友，希望能够在努力方向上获得指点。我到朋友家的时间比约定的时间早了一些，朋友家没人，我便给朋友打电话询问对方的回家时间。电话里，朋友告诉我他正在小区的乒乓球馆里陪儿子打乒乓球，让我稍等片刻，他们马上就回来。

我一听他们在打乒乓球，立刻兴奋了起来，因为我从小就喜欢打乒乓球。一时兴起，我便对朋友说我可以去乒乓球馆找他们。

到了乒乓球馆，朋友立刻招呼我陪他儿子打几局，我一看，他儿子才十一二岁，比乒乓球桌高不了多少，便婉拒道："咱俩打几局吧！跟小朋友打，人家说我欺负人怎么办？"

朋友笑了笑，说："你别看我儿子年纪不大，个子也不高，其实打乒乓球技术高超，说不定你打不过他呢！"

有这么厉害？我好奇心起，便接受了跟他儿子对局的安排。没想到，两局下来，我接连失手，一个球都没赢！

摆摆手结束对局后，我气喘吁吁地对朋友说："您儿子怎么这么厉害啊？"

朋友哈哈一笑，骄傲道："我给他请了一位乒乓球教练，是从国家队退下来的高手，至今已经学了4年了！"

第 6 章 学习管理：如何确保岗位价值的增值

> 当天回家的路上，我回忆起自己对局失败时的震惊和失败的原因，突然想明白了一件事：我的事业之所以一直不顺，很可能是因为我经常换行业、换企业，总觉得自己选的行业不行、供职企业的老板很差，从没反思过自己有什么问题——使用的工作方法是不是正确、哪些工作能力需要着力提高等，我通通没想过。
>
> 这次乒乓球对局，其实我输给的不是我对面的那个十一二岁的小男孩，而是小男孩背后的那位专业的乒乓球教练。小男孩掌握的是专业教练教的正确的打乒乓球的技巧，经过 4 年的认真学习、反复练习，这些技巧已经成为他的习惯，他和我的对局，可以说是专业与业余的对局，我哪有赢的道理？
>
> 由此可见，我事业上的不顺与我选择的行业、供职的企业关系不大，最主要的原因或许是我一直没有掌握正确的工作方法，在事倍功半的情况下，离预期的效果总是有很远的距离。

想通了这一点后，我在心中提炼了一个成功模型：成功＝正确的方法＋反复地练习。具体而言，就是要先找到成功的榜样，再模仿、学习、掌握正确的（工作）方法，最后通过反复练习养成良好的习惯，逐步走向成功。

多年后，我在学习心理学知识的过程中发现，我所提炼的成功模型与约翰·葛瑞德和理查·班德勒提出的 NLP 理论非常相似！

约翰·葛瑞德（John Grinder）和理查·班德勒（Richard Bandler）在 20 世纪 70 年代共同创立了神经语言程序学（Neuro-

Linguistic Programming, NLP), 相关理论被简称为 NLP 理论, 融合了心理学、语言学和认知科学, 旨在探索人类行为、沟通和主观体验的模式。

NLP 理论的核心是神经（Neuro）、语言（Linguistic）和程序（Programming）, 具体而言, "神经"关注的是人类的神经系统如何通过感官（视觉、听觉、触觉等）处理信息, 强调主观经验是经神经系统的感知和加工形成的; "语言"被视为塑造现实认知的工具, 关注的是人类的语言如何影响其思维和行为, 包括口头语言、非语言沟通（如肢体动作）, 以及内心自我对话; "程序"是借鉴计算机科学的概念提出的理论概念, 认为人的思维和行为是可以通过学习重塑的"程序", 换句话说, 该理论认为, 通过模仿卓越人士的思维模式, 人们可以改变自身行为或情绪反应。

深入研究 NLP 理论, 我们可以尝试拆解成功路径为以下 3 个步骤。

第一步, 找到成功的榜样, 明确助其成功的方法和技巧。

第二步, 通过请教、模仿, 学习榜样的方法和技巧。

第三步, 反复练习、多次实操, 掌握这些方法和技巧, 将其变成自己的行为习惯, 从而真正走上成功之路。

怎么样？是不是和我提炼的成功模型"成功 = 正确的方法 + 反复地练习"有异曲同工之妙？明确了这一成功路径, 极大地提高了我的努力效率。

6.1.2 向成功学习的途径

（1）阅读经典

向成功学习最简单的方法是看书。对销售管理者来说，要紧紧围绕"销售"与"管理"这两个关键词来筛选图书，快速掌握相关技巧、提高相关能力。

通过看书向成功学习，最关键的是找准优秀图书、经典图书，以确保学习到的经验、技巧是经过实践验证的正确的经验、技巧。那么，如何判断一本书是否值得买入呢？

第一，看作者。

作者越优秀，著作的内容质量越有保障，因为知名人士通常需要维护自己的个人形象。确保输出的内容是精彩的、高质量的，个人品牌才能持续增值。

第二，看出版社。

顶级的出版社大多有强烈的品牌意识，会为了确保出版物的质量，严格审校、把关。可以说，顶级出版社已经为读者完成了部分审核工作——为了自己的品牌，筛选掉劣质作者，确保读者有良好的阅读体验。

第三，看目录。

现在，网络购书非常便捷，而出版社将图书上架到销售网站上时，通常会上传部分激发读者购买欲望的信息，比如图书封面、内容简介、目录、内文节选。所有图书信息中，最有用的是图书目录，通过梳理目录,大家可以判断整本书的内容是否全面、逻辑是否清晰、重点是否突出等。

第四,看销量。

如果大家不会通过目录判断图书的质量,或者不确定自己根据有限的信息判断图书质量的能力是否合格,可以关注图书销量。图书销量也是图书质量的佐证之一,因为获得市场认可的图书,质量通常不会太差。

注意,购买到理想的图书后,及时、深度阅读,才能将书中的内容内化为自己的认知哦。

如何高效阅读

针对如何高效阅读,我分享几点自己的经验。

第一,选章节。

对工具类、技巧类、实操类图书来说,大多有渐进式写作的特点,目的是为初次接触相关内容的读者普及、介绍基础知识。想要高效阅读一本书,可以通过翻阅目录,直接选择自己最感兴趣的章节,针对性极强地开启阅读。

此举不仅有助于提高阅读效率,还是判断图书质量、筛选图书的有效技巧之一:看完自己最想看的内容,如果觉得作者写得很棒,可以回过头把未看的内容补全;如果觉得作者写得一般,对自己的帮助有限,未看的内容就可以直接不看了。

第二,放音乐。

美国作家奥斯特兰德、塞斯瑞德等在《超级学习法2000》中介绍,一所州立大学实验发现,在学习时播放舒缓的轻音乐,可以将学习速度提高24%、记忆力提高26%。

注意,这里的音乐不是流行歌曲,而是没有歌词的轻音乐。

第三,定时间。

很多人说,阻碍自己读书的是日常的忙碌——没有时间阅读。其实,所谓"没有时间阅读",罪魁祸首是没有养成阅读的习惯,如果我们能每天固定一个时间段阅读,比如临睡前半个小时、早起后半个小时,或每周固定一天、半天的时间阅读,久而久之,会发现阅读是能够自然而然地融入我们的生活的。

第四,随身带。

每次出门时都带一本书,有空了就拿出来翻一翻,也有助于我们养成高效阅读的习惯。对销售来说,拜访客户时经常会出现或长或短的等候时间,在这段时间内看书,不仅有助于完成能力精进、提高,还有助于给客户留下良好的第一印象(勤奋、好学)。

(2) 参加培训

有些销售管理者是一步步从一线销售岗位上成长起来的,虽然有着丰富的销售经验,但是没有太多的管理经验和太强的管理能力。对这样的销售管理者来说,必须尽快提高自己的管理能力,否则可能会在勤奋工作的过程中给企业造成无法挽回的损失。

放错地方的销售冠军

2018年,我为一家化工企业提供销售咨询服务,调研后发现该企业的问题主要集中在一位销售副总经理身上。这位销售副总经理不懂管理,却喜欢制定、更新考核标准,导致很多优秀的销售因受不了朝令夕改的考核而纷纷离职,企业业绩快速下滑。

为什么这样一个不懂管理的人能稳坐管理岗位?通过进一步调查,我明白了,这位销售副总经理是与企业总经理一起创业的元老级员工,不仅是企业的股东,而且有着极强的销售能力,在企业初创期,个人业绩占企业总业绩的80%,深得企业总经理的器重。

我和企业总经理深入沟通后,决定免去这位销售副总经理的管理职务,在保留其股东身份的基础上安排其回到一线,做大客户销售,与此同时,提拔了一位管理能力突出的销售经理担任代理销售副总经理职务,接受历练。

如此调整后,一年内,该企业的销售业绩翻了一番。

这个案例能给我们什么启发?最直观的是:胜任销售工作的人,不一定胜任管理工作。

其实,很多企业有类似的痛点,觉得某个员工销售做得很好,便提拔其为销售管理者,殊不知销售和管理的能力要求差别很大。

因此,对从销售岗上提拔起来的销售管理者来说,及时转变角色认知很重要,参加一些管理培训是较快转变工作思路的途径之一。

为什么参加培训的学习效果比自己读书的学习效果显著？理由如下。

首先，参加培训有助于全身心地投入学习。

很多培训是封闭式培训，甚至会要求学员上交手机、电脑。在这种培训中，学员能够全身心地投入学习，快速进阶。

其次，团体学习有助于相互启发。

培训学习以团体学习为主，学员可以通过交流、沟通，了解别人的收获，受到启发，获得更佳的学习体验和感悟。对方法、技能类培训而言，团体学习的效果更加明显，学员间无私地分享自己的真实经历和体会非常有助于相互启发。

再次，培训可以双向互动。

读书、看视频、听网课等学习多为被动接收信息式学习，学习者无法与作者、视频拍摄者、网课教师充分互动，培训则不同，在线下课堂中，学员有疑惑时可以立刻提问，答疑环节等互动设计也有助于学员不断优化学习效果。此外，专业的培训师大多拥有已经反复打磨的课程内容和高超的培训技巧，可以调动学员的听讲、互动热情，打造高效课堂。

（3）真诚请教

除了阅读经典、参加培训，还有一个向成功学习的有效方法，即真诚请教。

6.1.1 小节介绍的案例中我去拜访一位事业上很成功的朋友的行为，就是典型的真诚请教行为。

对销售管理者来说，遇到困难后，向有经验的前辈请教、向同级管理者请教，或者向直系领导请教，都是不错的提高方法。比如，可以向有经验的前辈请教如何优化团队关系、向同级管理者请教如何协调团队任务、向直系领导请教如何做好团队管理。

6.2 向失败学习：高效汲取经验与教训

6.2.1 向失败学习的意义

很多读者不理解，能向失败学习什么呢？不会越学越糟糕吗？我可以负责任地告诉大家，向失败学习比向成功学习进步更快，因为向成功学习只能学到成功的经验，学不到太多纠偏的方法，向失败学习则能更直观地发现问题，进而规避同样的错误，保证自己不误入歧途。

参观倒闭的工厂

日本企业家松下幸之助被日本国民誉为"经营之神"，是很多创业者学习的榜样。在经营过程中，松下幸之助极其重视"向失败学习"。

传闻，某天，松下幸之助带领企业的高管们驱车前往一家经营很成功的工厂参观，途经一家外墙壁上写着"倒闭"字样的工厂时，松下幸之助见一群疑似经营者的人正站在工厂外探讨善后事宜，立刻让下属停车，临时改变计划，要求大家一起去参观这家刚刚倒闭的工厂。

同行的一位高管很好奇，问道："总裁，人家已经倒闭了，我们去参观什么？难道学习人家是怎么失败的吗？"

松下幸之助微微一笑道："参观失败的企业比参观成功的企业更有意义，因为我们可以通过了解对方失败的原因，吸取教训，避免自己重蹈覆辙。"

通过以上案例可以看到，知道要避免犯什么错，也是成功的必要条件。

2001年，知名财经作家吴晓波凭借一本《大败局》杀入畅销书榜，这本入围《经济观察报》评选的"影响中国商业界的20本书"榜单的《大败局》讲得便是著名企业突然在自己的"花样年华"中轰然倒塌的原因。《大败局》的成功，是"向失败学习"这一成功途径受到普遍认可的例证之一。

6.2.2 个人如何向失败学习

个人向失败学习，有两个途径：其一，总结自己失败的过往，铭记经验、教训，不再重蹈覆辙；其二，通过了解他人的失败案例，反思自己有没有同样的问题，及时止损、纠偏。

卧薪尝胆的越王勾践

春秋时期，越国与吴国交战，越王勾践大败，被迫带着妻子前往吴国为奴。吴王夫差故意羞辱勾践，不仅让他住在石屋养马，还每逢出行都命他牵马引路。吴国的百姓指指点点，笑骂这位曾经的君王，而勾践低头不语，将每一道讥讽的目光都刻在心里。

3年后，夫差以为勾践的锐气已磨尽，便放他回了国。回到越国的第一夜，勾践便命人撤去锦被，铺上柴草，且在房梁上悬挂了一枚苦胆，每日起身后、饮食前都要尝一口。大臣不解，勾践解释道："柴草提醒我勿忘为奴之辱，苦胆让我铭记亡国之痛。"

卧薪尝胆、苦练精兵数年后，越国上下同仇敌忾，一举灭吴。

古人尚知犯错后要检讨过失、重整旗鼓、再创辉煌，现代人更要明白这个道理。

生活中，很多人面对批评的下意识反应是反驳、辩解，殊不知批评是身边人对自己最大的帮助。有人愿意批评你、帮助你意识到自己的错误，一定要虚心接受、真诚请教；如果身边没有人时常给予批评,那么自己要养成经常自我检讨的习惯,每做完一件事都要问问自己:哪里做得不错?哪里做得不够好?错误背后的原因是什么?如何改正?从而不断提高。

6.2.3 团队如何向失败学习

团队向失败学习的最好方法是时常召开复盘会,组织复盘。复盘的重要性和复盘会的意义、好处、角色、流程等详见本书第 5 章。

对企业来说,想充分吸取每一次失败的教训,可以要求各工作团队在完成复盘后将复盘结果分享出来,形成涵盖整个企业的相互学习、共同提高的闭环。做到这一点后,企业的成本损耗率会有极大的降低。

6.3 碎片化学习：充分利用零碎时间

6.3.1 零碎时间的定义

零碎时间，又称碎片时间，指日常生活、学习、工作中的零散的、不连续的时间段，区别于一个小时以上的较长的、连续的时间段。零碎时间很难用于完成需要长时间集中精力执行的大型任务，但累积起来时长可观，如果能够有效利用，会成为我们不断精进、弯道超车的利器。

南宋诗人陆游的诗作《幽居遣怀》中有"呼童不应自生火，待饭未来还读书"的句子，由此可见，利用零碎时间进行学习的意识自古有之。

通勤、出差路上的时间，等候、排队的时间，甚至散步、跑步、骑车等运动的时间,都属于零碎时间。重视这些容易被浪费的零碎时间并加以利用,我们或许就能轻轻松松地超越身边人,更早地品尝成功的果实。

6.3.2 零碎时间的利用

面对零碎时间,如何利用效率最高呢?总结以下几点经验分享给大家。

(1)阅读

阅读,既可以是纸质阅读,又可以是电子阅读。纸质阅读,即阅读纸质书籍、报刊;电子阅读,以电子书阅读器为主要载体。电子书阅读器有轻便、易于携带的特点,能够更好地满足读者在移动场景中阅读的需求。

(2)听书

听书软件有很多,可以大致分为如下两类。

第一类,电子书阅读/听书软件,如掌阅、当当云阅读、微信读书。目前,大多数电子书阅读软件是有听书功能的。

第二类,FM电台式听书软件,如喜马拉雅FM、蜻蜓FM、荔枝FM、懒人听书。目前,很多知名专家、学者在以上软件中开设专辑,传播知识。

听书不仅能解放双眼、双手,还能降低学习对环境的要求——听书时,我们不需要书桌(安静的空间和固定的座位)、台灯(良好的光线),戴上耳机,在通勤时、做家务时、运动时,我们均能无障碍学习。

(3) 听新闻

每天听新闻的好处很多:一方面,可以随时掌握国际、国内、行业内的新闻动态;另一方面,可以增加与客户相处时的聊天素材。

凤凰 FM、喜马拉雅 FM 等 App 都有每天精心制作的新闻套餐,以短小的快餐式新闻为主要内容,非常值得"追更"。

(4) 学外语

很多企业对员工的外语水平有要求,尤其是外贸销售企业、跨境电商企业,因为经常要与外国人打交道,所以相关工作人员必须持续提高自己的外语交流能力和写作能力。

学外语,可以尝试以下 3 种方法。

方法一:使用外语学习 App 完成学习任务。比如,使用百词斩、流利说、扇贝、网易有道词典等专业的外语学习 App,可以便捷地在手机上完成单词记忆、听力练习等学习任务。

方法二:使用听书 App 进行系统学习。比如,使用喜马拉雅 FM、蜻蜓 FM 等听书 App,搜索外语课程,可以跟随专业的老师系统地进行外语学习。

方法三:使用单词机进行专项学习。如今,很多外语学习 App 开发了方便用户随身携带的单词机,以协助用户背单词为主要功能,采用墨水屏技术,不伤眼,用户只要支付购买设备的钱,就能免费使用所有的学习资源。我有两个单词机,一个是百词斩,另一个是如布。

百词斩的功能相对齐全，可以插耳机，更适合成年人学习；如布相对小巧，功能简单，比较适合未成年学生使用。不管是成年人还是未成年学生，使用小巧的单词机，都可以显著提高学习效率——平时放在裤兜里、包包里，偶尔上洗手间、排队、候机时，均可以掏出来学习，其有限的功能（背单词）能够帮助用户提高专注度。

（5）规划日程

很多上班族每个工作日都需要花费很多时间在通勤上，这些时间，可以用于规划日程——上班路上用手机或笔记本针对自己一天的工作时间制订一个计划，到了企业可以有条不紊地进入工作状态；下班路上及时总结当天的工作，并为次日的工作制订一个简略计划，可以有效规避遗漏重要工作事项的情况。

（6）锻炼身体

很多成年人会以工作忙为借口，疏于运动，殊不知身体是革命的本钱，有好的身体为基础，才能高效地工作。

运动，并不特指必须去健身房、游泳馆进行的高强度运动，日常生活中随处可做的低强度的、少量的运动不应该被忽视，只要常年坚持，就会有好的效果。

如何利用零碎时间进行运动？接下来分享几个经验。

第一，早晨醒来后可以做跪式俯卧撑训练。两个膝盖着床，双手撑在枕头上做俯卧撑，伏地时吸气，挺身时吐气，10个一组，组间休息30秒，完成4组后起床。

第二，出差路上可以做半深蹲训练。高铁车厢连接处的上下客区两边都有扶手，是一个非常完美的运动区域。面向一侧厢壁，双手抓住扶手，膝盖顶住厢壁，两腿分开，与肩平行，在弯曲膝盖的同时臀部慢慢向后落，至接近地面的程度后缓缓站起，下蹲时吸气，站起时吐气，10个一组，组间休息30秒，完成4组后站直，拉伸双腿。

第三，走路时可以做腿部训练。用手按住大腿，增加抬腿时的阻力，同时尝试高抬腿走路，达到锻炼腿部肌肉的效果。

第四，在办公室里可以做肩部训练。简单的扩胸运动、伸展运动，可以帮助我们达到减压、放松、舒展身体、调整工作状态的目的。

第五，上下班途中可以做单车训练。如果通勤距离不长，可以选择骑自行车上下班，不仅能锻炼身体，还能休息眼睛、放松心情。

类似的轻量运动还有很多，比如在工作间隙爬爬楼梯、跳跳绳，大家根据实际情况选择适合自己的运动方式即可。

总之，合理利用零碎时间可以帮助大家提高时间管理能力，更好地实现生活与工作的平衡，促进个人的成长和发展。想要实现弯道超车，就尽快将自己的零碎时间充分利用起来吧！

6.4 培训式学习：通过培训提高团队实力

6.4.1 销售培训的意义

销售培训是企业各项培训中比较重要的培训，因为销售是技巧性工作，非常需要经验传承。最直接的经验传承方式就是培训，组织好销售培训，能够显著提高销售团队的实力、直接刺激销售业绩的增长。

销售培训通常由销售团队管理者或企业管理者组织，有面向一线销售（新销售、资深销售）、销售管理者的培训，也有面向经销商、代理商、大客户的培训，种类繁多。

销售培训的内容以销售心态、销售技巧、沟通能力、管理能力、产品知识、企业文化等为主，形式可选大型讲座、圆桌会议、分组讨论、角色扮演、案例研讨、实操训练等，目前，线上分享、共享文档

"漂流"等创新形式也在逐步出现、普及。

在销售企业管理中，组织销售培训是不可或缺的重点工作之一。通过组织销售培训，将销售技能、产品知识等分享给相关人员，帮助员工提高工作能力、效率，有助于不断促进企业的发展、壮大。

6.4.2 销售培训的培训师

（1）企业内部人员

部分专业性有限、内容与企业强相关的培训可以由企业内部人员主导，比如规章制度培训、企业文化培训、产品知识培训、销售话术培训。

组织企业内部人员主导的销售培训时，建议企业安排内部的销售冠军为培训师：一方面，销售冠军往往对企业的产品、客户了如指掌，讲的内容比较契合实际，实操性、可复制性都比较强；另一方面，在准备培训、主导培训的过程中，销售冠军可以复盘自己的成功与失败经历，完成自我能力的进一步提高。

除了销售冠军，销售管理者也是企业内部培训师的人选之一，因为销售管理者通常是销售业绩、一线销售能力提高的第一责任人。

由企业内部人员主导的培训，培训内容往往是针对性最强的。

（2）职业培训师

职业培训师大多拥有丰富的授课经验和授课技巧，能够将枯燥的专业知识讲授得生动、有趣，让受训者愿意听、喜欢听、容易听得进去，培训效果往往是所有同类培训中最好的。

（3）高校教师

高校教师的培训优势是理论功底扎实、授课经验丰富，劣势是培训内容的实操性较差、授课方式的灵活性不强，感染受训者的能力不及职业培训师。

（4）行业内专家

请行业内比较成功、知名的专家、企业家主导培训也是选择之一，虽然这些专家、企业家掌握的培训技巧不多，但他们分享的多是实用性强的工作技巧、方法，培训效果大多不错。

6.4.3 销售培训的流程

销售培训的详细流程如下。

（1）调研培训需求

通常，培训需求由两方提出，一方是一线销售，另一方是销售管理者。一线销售在市场上拓展业务时遇到了自己无法解决的问题或障碍，可以请求企业给予指导和支持；销售管理者在日常管理中发现了统一性、影响范围广的棘手问题，可以主动提出给销售团队进行培训。无论是自下而上还是自上而下提出需求，组织方都要进行深入的需求调研，详细了解培训痛点（培训需求），并明确这些培训痛点背后的一系列问题。

常用的调研培训需求的方法有以下 3 种。

第一种：问卷调查。

问卷调查的具体操作是使用纸质问卷或电子问卷对需求提出方进行调研，设计一系列问题，摸清具体的培训需求。调查问卷的问题可以以选择题为主，分设单项选择题、多项选择题，并补充几个开放式问题。

问卷调查的好处是范围广、效率高，通常适用于调研人数比较多的群体的需求，比如众多一线销售。

第二种：面对面访谈。

面对面访谈包括一对一访谈和一对多访谈。

面对面访谈的好处是访谈内容深入、互动性强，能够深入了解问题的成因，适用于调研销售管理者的需求。

第三种：在线访谈。

在线访谈可通过电话、微信或线上会议完成。

在线访谈的调研效果介于问卷调查和面对面访谈之间，适用于调研出差在外的人员的需求。

面对面访谈、在线访谈可以以开放式问题为主要访谈问题，多设置一些反问题和设问题。

（2）明确培训主题

通过调研明确培训需求后，要尽快对培训需求的分布进行统计，选出需求人数较多、需求程度较迫切的主题，反复优化，明确为培训主题，尽可能满足大多数人的培训需求。个别需求，可以由销售管理者通过会议或一对一沟通满足。

(3) 确定培训对象

培训对象要根据培训主题确定，比如，销售管理技巧培训，培训对象应为销售管理者，尤其是新晋销售管理者；再如，心态激励培训、素质提升培训，培训对象应为新入行的一线销售；又如，销售技能培训、产品知识培训，培训对象应为全体销售。

如果企业不分对象地聚集所有员工进行培训，很可能会对培训效果造成负面影响：一方面，与培训主题关联性不强的员工往往不会珍惜培训机会；另一方面，参与者过多，培训的互动性会下降。

一般来说，培训的参与者越少，互动性越强，针对性也越强。专业技能类培训的参与人数控制在 20 个人左右最佳。不过，也有特例，心态类、激励类培训，可以不设上限地增加参与人数，哪怕多至几百人也未尝不可——人数越多，培训气氛越容易被调动。

(4) 选定培训师

明确培训主题、确定培训对象后，就可以选择培训师了。培训师通常为企业内部人员、职业培训师、高校教师或行业内专家，在 6.4.2 小节中，我们详细介绍过这 4 类培训师，此处不再赘述。

(5) 明确培训内容

选定培训师后，企业要组织培训师、培训需求提出者和参训者代表进行充分沟通、交流，根据培训需求和主题，明确培训内容。

(6) 确定培训细节

培训细节包括培训时间、地点、场地、流程、设备、人员等，其中，培训流程必须清晰、明确，培训时间应精确地安排到某时某分。

如果是大型培训，培训场地的安排、培训设备的调试、参训人员交通/食宿的安排等都是需要关注的细节。

（7）发布培训通知

确定了培训细节，就可以发布培训通知了。

培训通知通常包括培训主题、培训师、培训时间、培训地点、培训流程、培训着装要求等内容。

对小型培训来说，组织方需要一对一地通知到位；对大型培训来说，组织方除了需要在培训沟通群内发通知，还需要点对点地通知到经理级负责人，确保所有参训人员都能收到培训通知。

（8）做好培训落地

培训落地包括会前、会中、会后3个部分。

会前准备包括布置会场，购置、摆放茶水、点心、水果，印制、摆放培训教材，调试设备、空调，提醒培训师和相关领导准时到场等。有接待需求时，需要做好接待工作；有食宿安排需求时，需要提前沟通相关宾馆、餐厅。

会中协调包括做好拍摄、茶水添加、洗手间指引等工作，确保各设备正常运行，完成好会议记录、录像、录音等辅助工作。

会后收尾包括做好重要人物的接送工作，完成好会场整理、打扫工作，并及时结算场地、食宿等费用。如果有电子培训文件、会议记录需要分发，必须及时分发到所有参训者，避免遗漏。

（9）完成评价、考核

培训结束后，要分别对培训师和参训人员进行评价、考核，确保培训师的交付是高质量的、参训人员的学习是卓有成效的。

对参训人员进行考核可选现场闭卷考试、电子问卷调查、训后作业交付等方式。

对培训师进行评价可选现场问卷评分、训后问卷评价等方式。为了确保评分、评价的真实性，可以将问卷设置为匿名作答。评分、评价的题目设置可以从 3 个方面入手，分别为培训形式、培训内容、培训场地安排，以便为主办方提高下次培训的组织质量提供依据。

（10）跟进培训效果

为了确保培训效果最大化，可以从以下 3 个方面入手巩固、优化培训效果。

其一，给参训人员布置与培训内容强相关的阶段性作业、任务，并明确考核时间、标准。

其二，及时召开培训后复盘会，检讨问题，明确改进措施。

其三，安排阶段性回课，比如，培训结束一周后，请培训师回课，带领参训人员对培训内容进行复习。

6.5 企业外学习：性价比较高的学习方式

6.5.1 学历教育、继续教育

培训班很少有严格的考核制度，但学历教育大多有正规的结业、毕业考试，学习的目的性特别强。

参加并通过成人高考、自学考试后，希望提升学历的销售可以在职攻读专科、本科，甚至研究生；完成网络在线教育、继续教育，希望接受系统性指导的销售可以全面提高自己的相关能力，并获得对应的教育证书。如果企业能够以成功提升学历、考试合格为标准，根据实际花销为员工报销学费，员工就能全身心地投入学习，继而更高效地回报企业了。

参加学历教育、继续教育，不仅能提升学历，学习到专业本领，还能结交同样爱学习的朋友，对开展销售工作有一定的帮助，可谓一举多得。

6.5.2 技能教育

很多技能教育是与相关领域的证书密切联系的，学习者需要努力通过考核，以便获取技能证书，学习的目的性较强。

目前，市面上有很多与销售相关的技能教育（及证书），比如经济师、电子商务工程师、营销工程师、业务经理、策划师、职业经理人、项目经理、人力资源管理师、职业培训师技能教育，还有很多销售行业内部的技能教育（及证书），比如房地产经纪人、保险经纪人、保险代理人、信用经理、汽车营销师、国际货运代理、物流经理、展览经理技能教育。此外，语言类证书也值得关注，尤其是国际贸易型销售企业、跨境电商型销售企业，大多对员工的外语水平有要求。

参加这些技能教育，不仅能获取技能证书，还能学到实实在在的技能，何乐而不为呢？

6.5.3 参加学术交流与研讨会

对企业来说，除了可以组织员工参加培训、提升学历、精进技能，还可以外送员工参加各大高校、研究机构、知名企业、行业协会组织的学术会议、研讨会、大型培训与交流活动，帮助员工更好地完成理论与实践的结合、提高理论水平、开拓行业视野、结交行业好友。

6.6 学习型组织：整体提高团队竞争力

6.6.1 学习型组织的概念

学习型组织是持续进行组织学习，以适应环境变化、提高竞争力、实现持续发展的组织。在学习型组织中，学习被视为组织文化的核心，是组织成员日常工作的重要组成部分。

学习型组织鼓励所有成员不断接受新理念，学习新知识、新技能，以适应不断变化的外部环境。学习型组织内大多有良好的知识管理机制和分享机制，成员会主动分享信息和经验，进行开放沟通、坦诚对话，以宽容的态度面对失败，将其视为学习和成长的机会。

6.6.2 构建与完善学习型组织

对销售企业来说，应该如何构建与完善学习型组织呢？以下 10 个策略供大家参考。

（1）明确共同愿景

明确共同愿景是打造学习型组织的动力来源和成功保障。

企业需要有清晰的长期发展目标，且确保所有成员针对企业的未来定位、责任和发展目标达成共识，这个长期发展目标就是共同愿景。

所有员工有共同愿景的企业，学习才有方向、动力、意义。

（2）组织团队学习、建立传帮带机制

组织团队学习、建立传帮带机制是打造学习型组织的基础。

学习型组织鼓励团队合作，能够通过组织团队学习提高团队的凝聚力。与此同时，建立传帮带机制，让经验丰富的资深员工指导新员工，能够确保知识与经验不断传承，降低新员工误入歧途的风险。

（3）改善心智模式

心智模式是个体或团体对世界的理解方式，包括对事物如何运作、有何因果关系的看法和假设。心智模式通常是根深蒂固的，影响着人们的感知、思考和行为方式。在学习型组织中，不断改善心智模式非常重要，因为它们可以对组织成员如何看待组织内外的事件、如何响应这些事件产生显著影响。

（4）鼓励自我超越

自我超越要求个人持续地认识并拓展自己的能力边界，不断挑战自我，追求内在的成长和发展，最终达到个人和组织的共同提升。通过激励员工持续追求个人成长和专业发展，不断提高个人能力，学习型组织能够稳定地整体进步。

（5）**培养系统思考能力**

系统思考能力是非常重要的能力，能够帮助组织成员更全面地理解组织的发展现状及所处的环境。通过培养员工习惯于整体、长远地考虑问题，理解不同部门、流程间的相互影响关系，学习型组织能够更加协调地发展、更好地识别所遇问题的根本原因、高效设计干预措施，以促进持续改进与创新。

（6）**充分使用新技术工具**

通过鼓励员工充分使用 DeepSeek、文心一言等新技术工具，学习型组织能够不断推动内部的知识分享、交流、进步。

（7）**组织各类学习活动**

通过组织各类学习活动，如讲座、研讨会、工作坊，学习型组织能够不断激发员工的学习热情、优化组织的学习氛围。

（8）**敦促刻意练习**

通过敦促员工时常刻意练习、精进技能，学习型组织能够长期维持高效的工作配合，以从容应对不断变化的市场环境带来的挑战。

（9）**完善奖惩机制**

企业可以通过完善奖惩机制，奖惩结合地推动学习型组织的构建与完善，将系统性学习融入企业文化。

一方面，建立物质与精神并重的奖励机制，对积极参与学习、贡献知识的员工进行奖金激励、实物激励，能够有效激发员工的学习动力；另一方面，引入适度的惩罚机制，对考核未达标的员工进行绩效处罚，能够利用损失厌恶心理，促使员工认真对待学习。

（10）组建内训师团队

通常，超过 100 人的销售团队需要组建属于自己的内训师团队，并要求这些内训师深耕自己擅长的培训主题，为构建与完善学习型组织提供保障。

针对内训师团队，企业可以单独制定绩效考核制度，进行高效管理。

国际贸易

许 斌◎著

图书在版编目(CIP)数据

国际贸易/许斌著.—北京:北京大学出版社,2009.9
ISBN 978-7-301-15701-5

Ⅰ.国… Ⅱ.许… Ⅲ.国际贸易-教材 Ⅳ.F74

中国版本图书馆 CIP 数据核字(2009)第 143869 号

书　　　名:国际贸易
著作责任者:许　斌　著
责 任 编 辑:郝小楠
标 准 书 号:ISBN 978-7-301-15701-5/F·2267
出 版 发 行:北京大学出版社
地　　　址:北京市海淀区成府路 205 号　100871
网　　　址:http://www.pup.cn
电　　　话:邮购部 62752015　发行部 62750672　编辑部 62752926
　　　　　　出版部 62754962
电 子 邮 箱:em@pup.pku.edu.cn
印 刷 者:三河市北燕印装有限公司
经 销 者:新华书店
　　　　　　787 毫米×1092 毫米　16 开本　21.75 印张　311 千字
　　　　　　2009 年 9 月第 1 版　2020 年 1 月第 5 次印刷
印　　　数:18 001—20 000 册
定　　　价:36.00 元

未经许可,不得以任何方式复制或抄袭本书之部分或全部内容。
版权所有,侵权必究
举报电话:010-62752024　电子邮箱:fd@pup.pku.edu.cn

目 录

导 言 ……………………………………………………………………… 1

第一部分 国际贸易理论基础

第1章
李嘉图模型 ……………………………………………………………… 11
1.1 李嘉图模型的框架 ………………………………………………… 11
1.2 封闭经济均衡 ……………………………………………………… 13
1.3 自由贸易均衡 ……………………………………………………… 19
1.4 绝对优势和比较优势 ……………………………………………… 24
1.5 讨论和总结 ………………………………………………………… 25

专栏 1.1　李嘉图和英国的《谷物法》 …………………………… 27
附录 1.1　李嘉图模型的代数推导 ………………………………… 33

第 2 章　特定要素模型 ………………………………………… 35

2.1　特定要素模型的框架 ……………………………………… 36
2.2　封闭经济均衡 ……………………………………………… 40
2.3　国际贸易均衡 ……………………………………………… 42
2.4　讨论和总结 ………………………………………………… 44
专栏 2.1　特定要素模型的理论渊源 ……………………………… 45
附录 2.1　特定要素模型的代数推导 ……………………………… 51

第 3 章　赫克歇尔-欧林模型（上） ……………………………… 52

3.1　赫克歇尔-欧林模型的框架 ………………………………… 53
3.2　封闭经济均衡 ……………………………………………… 56
3.3　自由贸易均衡 ……………………………………………… 62
3.4　贸易类型和收入分配 ……………………………………… 64
3.5　讨论和总结 ………………………………………………… 67
专栏 3.1　赫克歇尔-欧林理论的诞生 ……………………………… 68
附录 3.1　赫克歇尔-欧林模型的代数推导 ………………………… 76

第 4 章　赫克歇尔-欧林模型（下） ……………………………… 79

4.1　开放小国 HO 模型 ………………………………………… 80
4.2　一体化 HO 模型 …………………………………………… 84
4.3　多域 HO 模型 ……………………………………………… 87
4.4　讨论和总结 ………………………………………………… 89
专栏 4.1　萨缪尔森对赫克歇尔-欧林贸易理论的贡献 …………… 91
专栏 4.2　德国的制造业出口 ……………………………………… 93

第 5 章	**不完全竞争贸易模型** ············ 101
	5.1 简化模型 ············ 102
	5.2 克鲁格曼模型 ············ 106
	5.3 梅勒兹模型 ············ 113
	5.4 讨论和总结 ············ 115
	专栏 5.1 克鲁格曼和新贸易理论 ············ 116

第 6 章	**贸易理论的实证检验** ············ 123
	6.1 李嘉图模型的实证检验 ············ 124
	6.2 赫克歇尔-欧林模型的实证检验 ············ 125
	6.3 不完全竞争贸易模型的实证检验 ············ 131
	6.4 国际贸易的引力公式及其应用 ············ 133
	6.5 讨论和总结 ············ 135
	专栏 6.1 日本明治维新：比较优势理论的实证 ············ 137

第二部分 国际贸易政策分析

第 7 章	**传统贸易政策工具** ············ 147
	7.1 进口关税 ············ 148
	7.2 进口配额 ············ 153
	7.3 出口补贴 ············ 155
	7.4 讨论和总结 ············ 158
	专栏 7.1 美国的钢铁关税 ············ 159
	专栏 7.2 全球纺织品配额 ············ 161
	专栏 7.3 农产品出口补贴 ············ 162

第8章 新型贸易政策工具 170

8.1 自愿出口限额 171
8.2 反倾销政策 174
8.3 其他贸易政策工具 177
8.4 讨论和总结 180

专栏8.1 美国和日本的汽车贸易纠纷 181
专栏8.2 美国对中国小龙虾的反倾销案 183
专栏8.3 商品安全和贸易保护 185

第9章 关于贸易政策的争论 192

9.1 最优关税理论 193
9.2 幼稚产业保护理论 197
9.3 战略性贸易政策理论 199
9.4 贸易政策的政治经济学理论 202
9.5 讨论和总结 204

专栏9.1 西雅图风暴 205

第10章 全球和区域贸易协定 213

10.1 全球贸易协定 214
10.2 区域贸易协定 216
10.3 区域自由贸易和全球自由贸易 222
10.4 讨论和总结 224

专栏10.1 多哈回合谈判 225
专栏10.2 北美自由贸易区 227
专栏10.3 欧盟的历史演变 229